「駅弁革命」の最前線で闘ってきた横山勉さん。
現在、料理長を兼務する「シーサイドホテル芝弥生」（芝弥生会館）の厨房にて

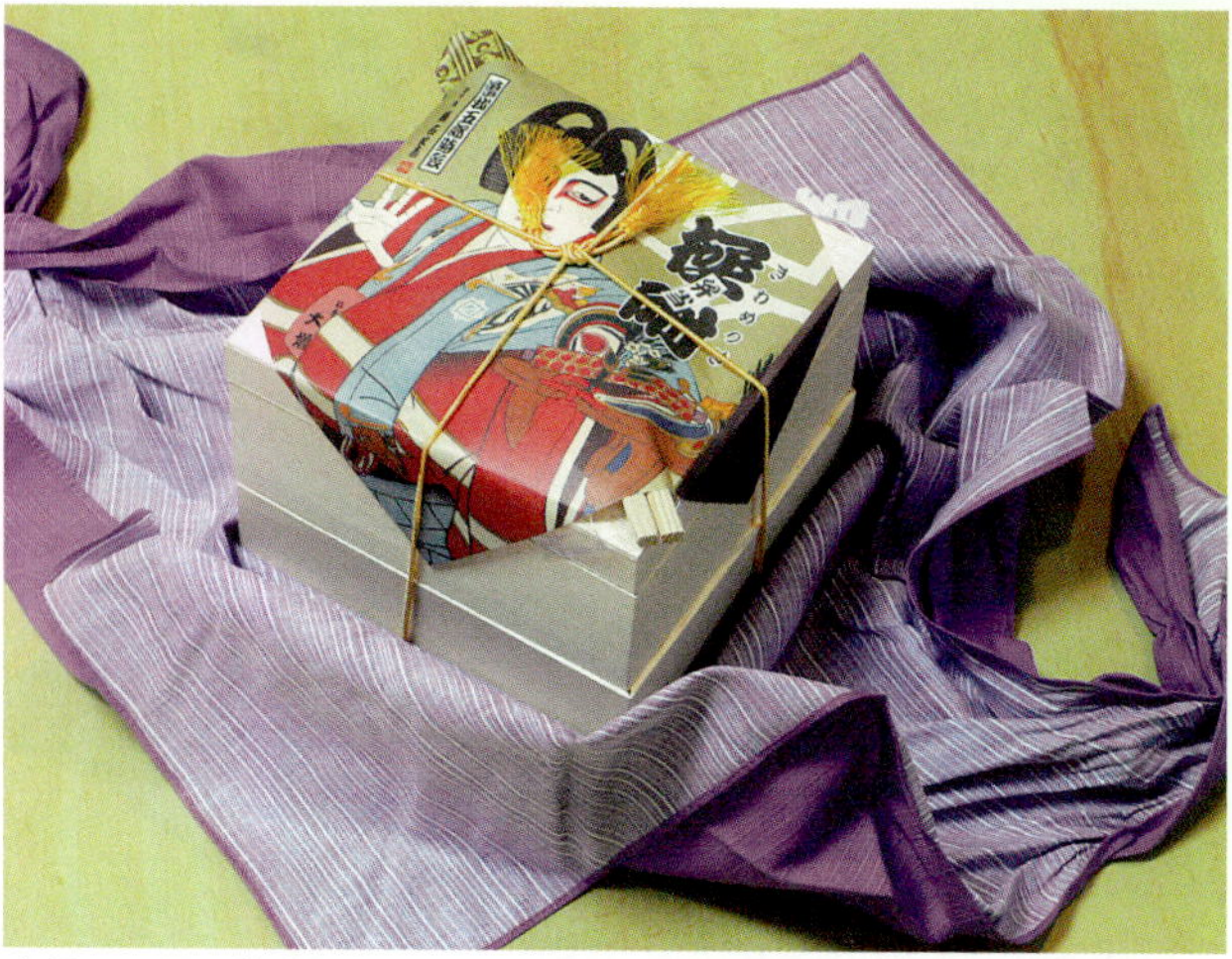

売価3800円、常時発売されている駅弁としては日本一高価な「極附弁当」。2段重ねの重箱を特製の風呂敷で包み、豪華な印象を際立たせている

極附弁当は一の重（写真右）が懐石風、二の重（写真左）が幕の内弁当というコンセプト。写真は2009年夏時点のもの

NREの高級駅弁の先駆となった「懐石弁当　大人の休日」。季節ごとに内容を一新している。写真は2009年12月発売のもの

横山が懐石料理のエッセンスを盛り込んで作り上げた「季節の吹き寄せ」は今やNREの新定番駅弁だ。写真は2009年春のもの

「僕の原点は料理人。駅弁作りをしていても、こうして料亭の厨房に立つとそう感じます」

「シーサイドホテル芝弥生」の厨房で。仕事の合間に若手スタッフと

駅弁革命

「東京の駅弁」にかけた料理人・横山勉の挑戦

小林祐一・小林裕子
Kobayashi Yuichi　Kobayashi Hiroko

交通新聞社新書　015

はじめに

本書の主人公は、横山勉《よこやまつとむ》さんという、懐石料理の料理人である。まずは、横山さんのプロフィールを紹介しよう。

1961年山形県生まれ。東京、大阪、京都の料亭・割烹での修業を経て、1992年に日本食堂株式会社（現・株式会社日本レストランエンタプライズ＝NRE）に入社。日本食堂が運営する料亭「高輪倶楽部《たかなわくらぶ》」の総料理長に就く。料亭の総料理長の職務をこなしながら1999年からNREの「駅弁革命」プロジェクトの一員として駅弁の開発に取り組む。現在は株式会社NRE大増《だいます》取締役総料理長として同社の駅弁の開発・調理などに関わりながら、「シーサイドホテル芝弥生《しばやよい》」の総料理長として腕をふるっている。日本調理師連合会の師範、大京《だいきょう》関西調理師会の理事の肩書も持つ。

このように横山さんは、懐石料理ひと筋に歩んできた人ではない。氏にとっては未知の世界である「駅弁」業界のなかで格闘しながら、次々とヒット駅弁を創り出してきた。懐石の手法を取り入れた繊細な弁当もあれば、定番的なものを大胆に改良した弁当もある。代表作を挙げれば、季節で内容を変える「季節の吹き寄せ弁当」、東京の老舗の味を盛り込んだ「東京弁当」、懐石料理のエッセンスを駅弁に盛り込んだ「懐石弁当　大人の休日」、牛肉をすき焼き風に仕上げた「牛肉弁当」など。価格帯では1000～2000円と、駅弁としてはどちらかといえば高価格になるかもしれないが、それに見合った付加価値のある駅弁として「売れる商品」になっているところにすごさがある。究極の駅弁として発売時に話題になった「極附《きわめつき》弁当」3800円も横山さんの作品である。

氏の手による駅弁がヒットしたことは、NREという企業が直面していた駅弁の危機を救うことにもなった。「NREの駅弁は高くてまずい」という悪しきイメージを払拭するという革命をも起こしたのである。

横山さんとは一体、どんな人物なのか？　懐石料理の料理人なのになぜ駅弁なのか？　料理人としてどんなことに悩み、どういう視点や発想で駅弁を創っていったのか？　そもそも東京の駅弁って何？――次から次へと興味が湧いてきた。

かくして横山さんへのインタビューは数カ月間にも及ぶことになった。そのプロセスで浮かび上がってきたのは、地道という平凡な言葉ではくくれないほどのひたむきな努力の積み重ね、そしてプロとしての志の高さだった。

氏が熱き思いで追求し続けている駅弁とは、ひと言でいえば「冷めてもおいしいご飯とおかず」である。駅弁は、作ってから時間を経過した後に客が食べることがほとんどで、作る側に立って考えると、冷めたところに狙いを定めて美味を創るという、特殊な分野の仕事である。自身が得意とする懐石の「温かいものは温かく、冷たいものは冷たく」の美学とは反するものである。それでも、一人でも多くの人に「おいしい駅弁」と思ってもらいたいから、「これくらいでいいだろう」というのではなく、目に見えない部分にもこだわり、人知れず努力をする。そんな横山さんの駅弁革命の軌跡を伝えたい。

本書の取材・執筆は私にとっても、駅弁の奥深い魅力と出会う楽しい道行きとなった。

小林裕子

駅弁革命

「東京の駅弁」にかけた料理人・横山勉の挑戦——目次

序章　低迷

料亭の料理人が「駅弁」の世界へ

●31歳で迎えた転機

1992年9月14日。横山勉は緊張した面持ちでスーツに身を包み、東京・八丁堀にある日本食堂株式会社（以下、日本食堂と表記）の本社ビルを初めて訪れた。横山はこの日のことを今でもはっきりと記憶している。

「こんな大きな会社の正社員になるなんて、まったく思いもよらないことだったんです。急な展開にびっくりしていました」

そう語るのも無理はない。当時、31歳の横山は、日本食堂が運営する料亭「高輪倶楽部」（東京都港区）で働く料理人だったのだが、そこで働くようになってまだ1カ月もたっていない時期であった。身分としてはアルバイト。経験があって腕の立つ板前でも、正社員ではなく臨時雇いということは、料理人の世界では珍しいことではない。そんな横山に正社員登用の辞令がおりたのだ。

「高輪倶楽部」に入りたてとはいえ、その時点で料理人のキャリアは10年を超えていた横山は、懐石料理の献立や調理全般に腕をふるい、板前として頼られる存在になっていた。おりしも総料理長が定年で現場を退くことになり、次の総料理長に抜擢されたのが横山だった。その任に就くにあたり、正社員昇格となった横山に新たに与えられた肩書は、「日本食堂（株）営業本部　レストラン営業部　料理長」。これまで東京、関西の料亭、割烹料理店を渡り歩いてきた料理人横山の人生のターニングポイントとなった。

横山は1961年3月、山形県北村山郡大石田《おおいしだ》町に4人兄弟の末子として誕生。山形県北東部に位置し、最上《もがみ》川が流れるこの町は、農業を主産業とする。横山の家も米作を主体にする農家だった。

「あたりは田んぼばかりの素朴な田舎町なので、自然のさまざまな風物に囲まれて育ちました。近所に牛を飼っている農家さんがいて、朝からなんで騒がしいのかなと思っていたら、牛が啼いているんです。市場に出荷するために、トラックに乗せられるところでした。牛も飼い主との別れがわかるんでしょう。トラックに乗るのをいやがっているんです」

少年時代の思い出を語る横山。小学生のころから料理への興味も芽生えていた。

「テレビで食べ物を見ると、どんな味がするんだろう、食べてみたいなという興味が湧いてくるんです。そうすると、作ってみたくなる。おやつも自分で作っていました。たとえば、残りご飯を使ってフライパンで焼いて醤油をかけてみたり」

中学生のときには、なんと理科の授業で魚をさばいていたというから面白い。

「実験でカエルの解剖をすべきところを、近所で釣ってきた鯉を持ち込んでメスでさばいたりしていました。魚の調理に興味があったのではなくて、単に人と同じことをしたくなかったというだけなんですが。先生からあとでこっぴどく叱られました」

こうした旺盛な好奇心や独自性への探究心は、のちに料理人となってからもおおいに発揮されることになる。

横山が料理人の世界を志すきっかけとなったのは、テレビドラマ「前略おふくろ様」。萩原健一演じる主人公の板前姿に憧れた。

「とにかくかっこよかったんです、ショーケン（萩原健一）が。調理師ではなく、コックさんではなく、板前さんになりたいと思いました」

中学卒業後、両親のすすめで工業高校へ進学するが、卒業後は迷わず料理の道へと進んだ。最初に就職したのは、山形県有数の温泉地、天童の温泉旅館。約３００人の宿泊客を収容する旅館に住み込みで働いた。「調理の知識も技術もない小僧っ子」だったため、雑用以外は何もすることがなかったという。

思い切って東京で修業してみようと思い、３カ月ほど勤めて退職。上京し、知人からの紹介で関西料理店の「銀座　甍《いらか》」へ就職した。追い回し（雑用係）から修業を重ね、6年後には日本料理の献立のなかで重要な位置づけである煮物までまかせてもらえるようになった。

献立すべてを取り仕切る板前になるまでもう一歩というところまできたとき、横山のなかで素朴な疑問が湧きあがってきた。「そもそも関西料理ってどういうものなのか？」と。働いていた店は関西料理の店ではあるが、「関西料理の定義って何だろう？」と思ったとき、答えを見出せない自分がいた。

「厨房で一緒に働く人たちに聞いてもわからない。『関西だから味が薄いんじゃない？』とか、漠然とした答えしか返ってきません。そんなものなのかな、何かがあるんじゃないかなと思って、本を読んで調べてみたけれど、やっぱりわからない。ならば、関西へ行ってみようと思いました」

決意を固めるやいなや、関西へと修業の場を移した。ところが、横山を待ち受けていた現実は厳しいものだった。知人を介して、とある名店の料理長を訪ねていったものの、厨房の人手は足りているという。それどころか、その店での修業を志願する者はほかにも数名いて、そこで働くためには「順番待ち」の状態であることを知らされる。

とりあえずは働ける店を紹介してもらえることになったが、「今日は京都のあの店へ行け」「あさってからは大阪のあの店へ行け」「来週から3日間は美濃《みの》（岐阜県）の割烹旅館へ行ってきなさい」という具合に、働く店が定まらない生活が6カ月ほど続いた。
「つまりは助っ人として、いろいろな店をみてきなさい、ということだったんですね。30軒ほどの店を経験しました。ダシのひき方（とり方）ひとつとっても、調理する人によってやり方が異なっていて、どうにか真似をしてみても、完璧にその人の味というのは出せない。その人なりの独自性というものがあるからなんです。それが料理を作る面白さなんだなと思いました。素材の使い方も勉強になりました。高価でないものを使っていても、使い方ひとつでおいしい料理になる。不思議ですよね」

横山の日本料理に対する探究心は深まるばかりで、その日見聞きした献立内容はもちろんのこと、料理やダシのひき方からその日の気温、湿度まで、日記にこと細かに記録していたという。その後、大阪、京都の料亭での修業を経て、奈良パークホテル内の「大和料理　萬佳《ばんか》」に勤め、技術に磨きをかけた。そのときの師匠が「真和四條流《しんわしじょうりゅう》」という、平安時代から伝わる包丁儀式の家元でもある五反田和光《ごたんだかずみつ》氏で、日本料理の伝統についての知識を深めることもできた。

こうして5年ほどがたち、30歳という節目の年齢を過ぎたのを区切りに関西での修業にピリオドを打つ。そのころ、結婚したこともあり、新しい生活を送るべく、1992年8月、東京へ戻ってきた。そうして、東京の料理人仲間から「人が足りないので、手伝ってほしい」と声がかかり、「働き口が見つかるまでの当座のアルバイト」と軽い気持ちで入った料亭。そこが「高輪倶楽部」だったのである。

横山を関西へと向かわせた「関西料理とは何か?」に対する答えは、結局のところ、見つからなかった。しかし、「それでいいんだ。料理には、これが定義だというものなんてない」と知ったのだ。同時に、おいしい料理を作るために身につけるべき基本の技術はあるが、さらに一歩も二歩も上をいく料理に仕上げるには、客の側からではうかがい知れない地道な努力、工夫の積み重ねが必要であることを感じ取っていた。

●駅弁は食べたことすらなかった

さて、「高輪倶楽部」の総料理長として、厨房スタッフ14名、ホールのスタッフ15名を率いる立場になった横山だが、実は店の経営母体である日本食堂とはどういう会社なのか、ほとんど知らずに正社員になったと打ち明ける。

「なにしろ、自分の気持ちとしては高輪倶楽部に雇われた料理人でしたから。正社員になるように言われたときも、さして悩みませんでした。あとさきのことを考えずに決めたというか、うまくいかなければ辞めてまた次の店に行けばいいんだと。板前って、そういうノリがあるんです。

で、初めて本社に行ったとき、元国鉄マンという方がけっこういらっしゃって、『なんで国鉄と関係あるのかな？』と。よくよく聞いてみたら日本食堂はＪＲ東日本の系列の会社だということで、駅構内で飲食店を営業していたり、車内販売などをやっている会社と知り、とても規模の大きな会社なんだと初めて気づいたくらいです」

日本食堂が駅弁も売る会社であることを知ったのは、それから半年ほどたってからのこと。当時の横山はというと、懐石料理ひと筋で、駅弁は興味の対象外だった。正確にいうならば、駅弁を食べたことすらなかったので、自分が駅弁作りに関わるようになるとは、微塵にも思わなかったのだ。

そんな横山だが、入社して1年ほどたったころから、日本食堂のレストラン営業部に所属する組織人としての業務も課せられるようになる。本社で開かれる会議への定期的な出席を求められるようになったのだ。会議の議題となったのは、今後の飲食店事業の運営方法や問題点などで、駅弁についてもしばしば話題にのぼっていた。

当時、日本食堂の駅弁を製造する子会社である（株）日本食堂調理センターの阿部正義《あべまさよし》工場長と出会ったのもそのころだ。のちに（株）ＮＲＥ大増の常務の任に就き、２００９年8月に定年で退くまで、駅弁製造工場の現場で駅弁作りに力を注いだ人である。

横山と阿部工場長とは同じ和食部門の所属ということもあって、何かと会話を交わす機会も多く、「駅弁が売れない」という厳しい現状についてもたびたび耳にするようになる。

ここで横山が入社した当時の日本食堂の状況にふれておきたい。

1987年4月の国鉄の分割・民営化による変化を余儀なくされていたころで、苦境にあった時期といえる。それまでは全国規模で事業展開をしていた日本食堂も、営業エリアの分割と分社が行なわれた。1987年から1988年にかけて、JRの分割エリアにあわせて（株）にっしょく北海道（現・北海道ジェイ・アール・フーズ）、（株）ジェイダイナー東海（現・ジェイアール東海パッセンジャーズ）、（株）にっしょく西日本（現・ジェイアール西日本フードサービスネット）、（株）にっしょく九州（のちのジェイアール九州トラベルフーズ）と、分社独立。そのなかで、日本食堂はJR東日本の営業エリア、すなわち東北・関東・甲信越で事業を展開する会社として、新たなスタートを切ったばかりであった。

このように企業としての重要な仕切り直しを余儀なくされていた時期に、外食産業のなかの企業として立ち遅れているという現実にも向き合わなければならなかった。

日本食堂は1978年までは外食産業のトップを走っていたが、それ以降は低迷を続けていた。

業界専門誌による外食企業ランキングでも1978年に売上げ1位にランクされたのを最後に、翌1979年に小僧寿しチェーンに抜かれて2位、1984年にはトップ10にも入れない状態になってしまっていたのだ。ファミリーレストランチェーンやコンビニエンスストア、ファストフードなどが浸透し、そうした波に完全に後れをとってしまっていたのである。駅という、常に多くの人が集まる場所を拠点に事業展開ができるというメリットを持ちながら、悪い言い方をすればそれに安住してしまい、魅力的な飲食サービスやメニュー・商品の開発ができないままに、時代は1990年代へと移り変わっていった。

そうした流れのなかで日本食堂の駅弁も低落の道をたどっていた。コンビニなどとの競争の激化のほか、列車の高速化によって乗車時間が短くなったために、車中でのんびり駅弁を味わうという楽しみ方をする人が減ってきたことや、鉄道利用ではなく車で旅をする人が増えたことなど、理由はいろいろ考えられる。

駅弁はどんどん売れなくなっていた。

ちなみに過去の記録をひもとくと、日本食堂の駅弁が最もよく売れたのは1970年といわれている。この年、大阪で万国博覧会が開催され、入場者数約6421万人のうち、およそ3割が当時の国鉄を利用し、うち約900万人が新幹線に乗車した。1日あたりの駅弁の販売数は25万個にもおよんだという。ちなみに現在、ＮＲＥの駅弁を製造する（株）ＮＲＥ大増（日本食堂調理センターの現在形）では、１日あたりの出荷個数は平日の場合はおよそ１万８０００個程度、５月の連休など繁忙期は１日４万個程度という。前述のように、その後の日本食堂の分社化や食環境の変化などもあるため、現況とは単純比較はできないが、伝説的な数字として書き記しておく。

●「駅弁の知識ゼロ」からのスタート

会社の状況はともかくとして、横山は、料亭「高輪倶楽部」の総料理長として懐石料理に力を注ぐ毎日を送っていた。そんな日々が少しずつ変わっていったのは、入社して４年ほどたったころのことだ。いつものように会議の場で会った阿部工場長から声をかけられた。「駅弁が売れなくて困っています。横山さん、一緒に作ってくれませんか」と。

「でも、深刻なお願いというより、『たまには駅弁の献立も考えてください』というような軽い感じだったと記憶しています」

「駅の弁当くらい、すぐにできる」。気軽な感覚で引き受けた横山だが、ほどなく駅弁を食べてみて、「これはなかなかに大変な仕事かもしれない」と考えを改めることになる。そのとき、食べたのは日本食堂のロングセラー商品「釜めし弁当」だった。味そのものに対しては、「適正原価を守

横山が初めて食べたＮＲＥの駅弁は「釜めし弁当」。写真は2009年のもの。2010年3月には「五目わっぱめし」と名を変え、内容も、リニューアルされた

るということから考えると、こういう風味になるのかな」と思ったが、料理人横山をして「大変な仕事」と思わせたのは、「冷めたご飯とおかずを提供すること」だった。

「これまで冷たいご飯は、おにぎり以外、食べた記憶がなかったんです。いつも温かいご飯だったように思います。中学、高校時代のお弁当のご飯も冬にはストーブの上に置いて温めて食べていました。でも、駅弁のご飯は冷たいし、おかずも冷たい。冷たくてもおいしいお弁当なんて、一体どうしたら作れるんだろうと、いきなり大きな壁にぶちあたってしまいました」

「作ってみます」とＯＫしたからには投げ出すわけにはいかない。しかし、困ったことに、どんな駅弁を作ったらいいのか、まったくもって

思い浮かんでこないのだ。

「最初のうちは全然作れませんでした。毎日の懐石料理の献立ならすぐに思いつくんですが、駅弁は想像がつかなくて。どんなにいい食材を使っても、冷めてしまえばおいしくなくなりますから」

とりあえず、自社の駅弁を片っ端から食べてみた。また、友人知人の冠婚葬祭などで地方へ行く際も、他社の駅弁をどんどん食べた。

「冷たいご飯とおかずなのに商品になっている……おいしいと感じた駅弁もありました。なんでこんなふうにできるんだろうと不思議に思いました」

横山は東京、関西のさまざまな料亭の現場を経験してきているのだが、駅弁の料理を作ることはそんなにも難しいものなのか。

「懐石料理はいかに新鮮な素材を使い、素材の持ち味を活かした料理を作るか、という世界です。基本的には、作ってすぐにお客様にお出しするものなので、温かいものは温かく、冷たいものは冷たくして提供する。ところが、駅弁は違う。作ってから十何時間もたってからお客様が食べるわけですから。そういう仕事はこれまで経験していないので、私には冷めたときの料理の風味や乾き具合がどうなっているのかわからない、どうしてもイメージできないんです。それに、駅弁は、店のように食べているお客様の顔が見えるわけではありません。お客様はいつどこでどういうふうに駅弁を食べるんだろう……そんなことを考え出したら、ただもう途方に暮れるだけでした」

ここでいささか話が飛んでしまうのだが、横山がいうところの「十何時間」について補足をする。この「十何時間」は、現在、NREで販売する駅弁の消費期限が駅弁の種類によって13時間、15時間、17時間などと設定されていることから出てきた言葉である。もう少し具体的な話をすると、「調製」といって、弁当箱に料理を詰めたり盛り付けをする作業を終え、出荷できる状態になってからの「消費期限」である。そして調製の前には、食材を煮る、焼くといった仕込みにある程度の時間を要する。つまり、極端な言い方になるが、「調理ののち、ひと晩たってから食べる」という状況でも、安全でかつおいしく味わえる駅弁でなければならないわけだ。

そうはいってもそのころの横山にとって、駅弁は未知の世界であることには変わらない。戸惑いながらも料亭の仕事の合間をぬって、ひそかに実験を開始した。それは料理を作ってみて、ひと晩たって冷めてから食べてみるという、いたってシンプルな方法だった。ひと晩たっておいしくなければ、作り直し。レシピを変更したり、食材を変えたりして作ってみる。その繰り返しだった。

「どんなに頑張って作っても、翌日になると味は変わるんですよね。家庭で作るカレーとか、お煮しめなどは、翌日のほうが味がしみておいしくなるんでしょうけど……」

●寝台特急「カシオペア」「北斗星」の和食メニューを開発

そうして半年くらい過ぎて、ようやく試作品が完成した。「料理の詳細までは覚えていませんが、幕の内系の駅弁でした」という横山の試作品第1号だが、試食をした阿部工場長から即座にダメ出しをされてしまう。阿部工場長はこう言った。

「確かにおいしい。でも、これは工場ではできません。工場のオペレーションには合いません」

そう、日本食堂の駅弁は、厨房ではなく、工場で作られる。「工場で駅弁作り」というと、一般の人には想像し難いかもしれない。しかし、日本食堂が駅弁の会社として最大手であったことを思うと、合点がいく。同社の東京圏での駅弁販売エリアは東京駅をはじめ、上野駅、新宿駅、品川駅、大宮駅の弁当売店が中心となっている。つまり、首都東京の主要な5駅の構内で駅弁を販売しているわけで、製造を請け負う日本食堂調理センターでは、24時間体制の工場で駅弁作りが行なわれ、人気駅弁ともなると日に1000〜2000個はコンスタントに作る必要があった。

そこに求められるノウハウは、おいしくすることは当然としても、それが特定のスタッフの経験とカンや、板前の技術によるものではダメなのだ。誰が作業をしても、マニュアルに基づいて大量の駅弁を均一の味と盛り付けで仕上げること、これが重要になる。そうした工場のオペレーションに適している駅弁であることも、駅弁開発に必要な要素だと、阿部工場長は横山に教えた。

横山はといえば、これまで50食、60食程度の宴会で松花堂弁当などを手がけた経験はあっても、数千単位もの大量の弁当を作ったことはない。それでもめげずに料亭の厨房でひとり黙々と試作品作りを続けた。「ひと晩たったらこの味がどうなるか」。

そうして完成した試作品第2号だが、これもまた、阿部工場長に却下されることになる。あいかわらず工場のオペレーションに合わないものであったこともあるが、突っ込まれたのは売価のことだった。

「この弁当をいくらで売るつもりですか?」

「原価で1800円くらいかかっていますけど」と答える横山に、「じゃあ5000円の駅弁ですか? そんなに高い駅弁は絶対に売れませんよ」と、阿部工場長は言った。

もっともな意見である。しかし横山は売価の計算ができなかったわけではない。「高輪倶楽部」でも総料理長として、原価や売価、利益を念頭において献立を考えている。だから、このときも売価の想定を当然やってしかるべきであった。ただ、駅弁作りにおいては暗中模索の状態にあり、

「とりあえず、まず目に見える形で試作品を」という気持ちが強く、売価のことまで考える余裕がなかったというほうがおそらくは正しい。

駅弁作りに関してこれといった進展がないまま、本社からの依頼で別の仕事に取りかかった。上野と札幌を結ぶ寝台特急「カシオペア」の運転開始（1999年7月）に向けて、食堂車の和食メニューの開発担当をまかされたのだ。「カシオペア」は上野〜札幌間に運転される、日本初のオール個室寝台の豪華列車。食堂車の料理も、それにふさわしいものが求められたため、横山に白羽の矢が立った。同時に、1988年3月から同区間を運行していた寝台特急「北斗星」の食堂車についても、よりグレードアップした和食メニューを考えるよう、指示を受けた。

列車食堂のメニュー開発も横山にとっては初めての経験だったが、駅弁よりもメニュー作りはスムーズに進んだという。

「食堂車とはいえ、料理の提供スタイルは、お店で出すのと基本的に同じです。お客様の注文に合わせて車内の厨房で煮たり、焼いたりして温めて提供する。料理の下ごしらえはある程度、事前にやっておくわけですが、駅弁と違って、提供するときにお客様の姿が見えますから。ですので、メニュー作りは違和感なく、すんなりできました」

ただ、横山がここで留意したのは、車内で調理をする人のことだった。

寝台特急「カシオペア」では、食堂車の料理のほか、予約制でコンパートメントへ届けてもらえる「カシオペアスペシャル弁当」があるが、これももちろん横山が作ったもの。３段重ねの重箱に山海の幸がたっぷりと盛り込まれている

「北斗星に何回か乗ってみたんですが、列車だから揺れるんです。だから、調理をする人たちは車内でつかまり立ちをしながらやるんです。特殊な仕事環境ですよね。そういった人たちが調理しやすいよう、意識しながら献立を考えました」

現場で働く人のことを思いやる。これも、横山がのちに「駅弁革命」を具現化することができた要因のひとつである。

このとき、横山が手がけた和食メニュー「懐石御膳」は、現在も寝台特急の旅を彩る味となっている。

さて、寝台特急の和食メニューは首尾よく完成させることができたが、新たな駅弁作りについては、依然として進まない。

「駅弁を作るために入社したんじゃないからいいや」

こんな思いが頭をもたげてきた。が、職人としてのプライドがある。

「一度くらいは『これ、いいじゃない』とほめてほしい」

駅弁のことは何もわかっていない。でも、おいしくて商品として通用する駅弁を作ってみたい。

横山はあきらめてはいなかった。

第1章　助走

「高くてまずい駅弁」を変える～季節の吹き寄せ弁当

●このままでは東京駅から駅弁がなくなる！

寝台特急「カシオペア」「北斗星」の食堂車で出す懐石料理の献立作成を手がけるようになった横山は、季節ごとのメニュー内容を打ち合わせるため、東京都荒川区西尾久《にしおぐ》にある日本食堂調理センターへ頻繁に足を運ぶようになっていた。日本食堂調理センターは日本食堂の駅弁を製造する会社だが、そこの工場では「カシオペア」「北斗星」の料理の下ごしらえも行なっていたのである。この担当者はカシオペアチームと呼ばれ、のちに「大人の休日弁当」（当初２２００円）、「極附弁当」（３８００円）といった、横山が開発した高額駅弁の仕込み調理にも関わることになる。

このころ、横山の仕事環境に大きな変化があった。まず、日本食堂は創立60周年にあたる１９９８年10月、（株）日本レストランエンタプライズ（ＮＲＥ）と社名を変え、飲食サービスや商品の品質向上路線への転換を打ち出していた。子会社の駅弁製造会社である日本食堂調理センターも、（株）日本レストラン調理センター（以下、ＮＲＥ調理センターと記述）へと社名を変えた。ＮＲＥ調理センターは２００３年６月に（株）日本ばし大増と合併して（株）ＮＲＥ大増となり、今にいたるのだが、合併のころについては後の章で記述していきたい。

話を１９９８年のころに戻す。横山自身も入社して初めて、職場の異動というものを経験していた。

横山が勤務していた「高輪倶楽部」は、旧日本食堂が所有していたビルの11階に設けられていた店で、そこへNREの本社が八丁堀から移転してくることになった。これに伴い、「高輪倶楽部」は、NREが運営するホテル「芝弥生会館」（東京都港区）の館内へ移転。引き続き、総料理長の職に就いた。その後ほどなく、同じNRE系列のホテル「東京弥生会館」（東京都台東区）の料亭でも、総料理長として厨房に立つようになった。

料亭の厨房に立ち、以前と変わらず懐石料理に腕をふるう横山のもとへ、「話したいことがあるから、NRE調理センターに来るように」と、NREの幹部から呼び出しがかかったのは、1999年の秋のことだ。

横山の職場であった料亭には、旧日本食堂の役員たちも客としてたびたび訪れていた。入社間もないころから面識のある人も少なくはない。横山が作った懐石のコースを食して「これまでとは違う面白い料理だね」などと評してくれた幹部もいたという。横山が作る料理は、懐石の伝統を活かしながらも、どこかしらに斬新さがあったということなのだろう。

さて、NRE調理センターに出向いた横山は、阿部工場長ら関係者数名が同席している場で、衝撃的な言葉を聞かされることになる。

「このままだと、駅弁がダメになる。東京駅からわが社の駅弁が消えてしまうかもしれない」

その場では、ＮＲＥの駅弁の現況が包み隠さずに語られた。旧日本食堂のころから駅弁はどんどん売れなくなっている、それどころかマスコミからは「高くてまずい」というバッシングさえ受けていると。それは、売上げの数字に顕著に表れていた。ＮＲＥ調理センターの売上げは、バブル経済がはじけたあとの長引く不況の影響もあるとはいえ、ずっと右肩下がりだったのである。毎年5パーセントから10パーセントずつ売上げが減少して、１９９９年は90年代初めの売上げに比べて約半分にまで落ち込むだろうという、かなり厳しい見通しだった。このままのペースでいくと、あと2～3年で赤字に転落し、会社の存続そのものも危ういという。

ＮＲＥ調理センターはたびたび記述しているように、ＮＲＥが東京圏の主要な駅で売る駅弁を製造する会社である。その会社が危機にあるということは、すなわち、ＮＲＥの駅弁事業の屋台骨をも揺るがすことを意味していた。

ショックだった。そんなにまでひどい状態だったとは……。ただもう沈黙するしかなかった横山に対し、幹部から言葉が投げかけられた。

「これからは魅力的な駅弁を作っていかないと、駅弁はすたれてしまう。食べておいしいのは当たり前です。もっとお客様のことを勉強して、多くの人に喜んでもらえる駅弁を作ってください」

目指すべくは、「高くてまずい」から脱却し、客のさまざまなニーズに応えられる付加価値のある駅弁を作ること。NREは「駅弁革命」の名のもとにプロジェクトをスタートさせ、その要となる商品開発のメンバーの一員に横山を加えたのだ。「ならばやるしかない」と決意を固めた横山だったが、それが彼の料理人人生を大きく変えるほどの出来事になろうとは、まだつゆほどにも思っていなかった。

それにしても当時は駅弁の知識も経験もなく、商品になり得る試作品すら作れずにいた横山が、なぜ、プロジェクトに起用されたのか。現在、NRE大増の社長を務める坂下佳久はこう説明する。

「当時の幹部の間では、過去の延長線上で駅弁を作っていても売れないという危機感がありました。生き残りをかけて、既成概念にとらわれない思い切った商品開発が求められたんです。そこで白羽の矢が立ったのが横山氏でした。数々の料亭で本格的な修業をしてきている彼なら、これまでとは違った新しい駅弁を作ってくれるだろうと期するものがあったんだと思います」

こうしてNREが掲げた「駅弁革命」は、その後、2000年9月にNRE調理センターの社長に就任した表輝幸《おもててるゆき》（現・JR東日本事業創造本部部長）によってさらに強力に推し進められ、具現化されていくことになる。

●お客様のことを考えてみた

「いつまでに」という期限こそないが「必ず作ってほしい」と特命を受けたその日を境に、横山は変わった。

「ホテルの厨房にいても、頭のなかは駅弁のことでいっぱいでした。料亭の献立作成などは若い者にまかせて、駅弁のことだけを考えるようになりました」

駅弁のことをもっと知るために、まず、客の立場になって考えてみるようにしてみた。

「列車の中で駅弁を食べるときって、どうなんだろうと、シチュエーションを思い浮かべてみました。そうすると、この食材はもう少し薄く切ったほうが食べやすいのかなとか、この料理はもう少し、味がしっとりしているほうがいいのかなとか、いろいろなことが見えてきたんです。それまでの自分は、一人よがりで、考え方がこり固まっていましたよね。料亭で使う材料を使って、料亭で出すのと同じ調理方法で試作をしていたのですから。ただ単にいい素材を使えばなんとかなるだろうと思っていたけど、それでは通用しない。駅弁には駅弁に適した炊き方だったり、味をつける方法がある。そんな単純なことに気づくまでに、ずいぶん時間がかかってしまいました」

列車で長距離の移動をする機会があるごとに、車中で駅弁を食べながら思いをめぐらした。自分のまわりで駅弁を食べている人を見かけたときは、つとめて様子を観察してみた。そうしたプロセスのなかで横山なりに「お客様に好まれる駅弁」の基本ルールを見出すまでになっていた。それは、「割り箸でつまみやすい」「食べるときに音がしない」「匂いがしない」の3点だ。

「最初のころは、列車の中で食事をするというと、仲間うちでワイワイやる宴会のような場面しか思い浮かばなかったんですけど、よくよく考えてみればお一人のお客様もいらっしゃるわけです。出張であるとか、冠婚葬祭のための遠出であるとか。隣に座る人は必ずしも知り合いの人ではありません。そのときに弁当のふたをあけて、匂いがぷーんとしたり、箸でおかずをつまめなくてこぼれたり、漬物とかを噛んでバリバリ音がするようではよくない。恥ずかしいじゃないですか」

駅弁をはじめ、飲食業界に身を置く人にとっては、さして目新しい発見ではないかもしれない。しかし、そんなごく初歩的なことであっても、自分が知らないことに関しては「わからないこと」として素直に認め、それを解決するために自分自身で見て聞いて、考えて、納得しないと前へ進めない、いや、進まない。それは横山の職人としての粘り強さ、誠実さであり、また仕事人としての強みでもあった。

かくして横山の地道な試行錯誤は延々と続いていった。試作品を作るために素材の調理法や味付けを工夫し、料理を弁当箱に盛り付けてから常温でおよそひと晩おくという実験も継続。常温にこだわったのは、駅弁が通常販売される状況に合わせ、その温度帯で試してみる必要があったからだ。そうしてふたをあけたとき、匂いはどうなのか、時間を経過した後の具材の色は落ちていないか、等々、丹念にチェックをする。それでもなかなか「これは」と思えるものに仕上がらず、試作品を出してもOKをもらうことができなかった。

しかし、ダメ出しのたびに阿部工場長からアドバイスを受け、駅弁作りの基本を教わっていた横山だった。たとえば、弁当箱のこと。

駅弁作りでは、どういう弁当箱を使うのかを考えることも重要となってくる。使う弁当箱いかんによって料理の盛り付け方が異なってくるわけで、その駅弁商品のイメージ作りというものにつながるだろうし、客の興味をそそるファクターにもなり得る。したがって試作の段階でも、「こういう弁当箱を使いたい」と想定してみる必要があるのだが、これもまた、横山にとっては初めてのチャレンジであった。

もちろん横山は、料亭の仕事で懐石弁当や松花堂弁当など弁当料理は手がけてはいる。しかし料亭の弁当は、通常は客が店内で食事をする前提のもので、駅弁のような持ち帰りは想定していない。弁当箱も、縁高《ふちだか》や松花堂など、木製の漆塗りの伝統的な形式のものがあり、盛り付けは、箱の中に敷板を敷いたり、小皿や小鉢などを入れてそこに料理を盛り付けることが多い。つまり懐石料理の器使いの手法のひとつとしての弁当箱なのだ。弁当箱という限られた空間に料理を盛り込むということでは駅弁と似通ってはいるものの、料理としてのコンセプトはまったく異なる。

「実際のところ別次元の話でした」と、横山は言う。

「箱のサンプルを探しながら試作をするんですが、最初のころは勝手がわからない。奇抜な箱とか、やみくもに集めていたんですが、箱を選ぶにしてもお客様の視点で考えることが大切だと、阿部工場長から教えていただきました」

そこで横山が着目したのは、列車の座席の前にあるテーブルの存在だった。

「あのテーブルにお弁当を置いて、脇にお茶など飲み物を置く。それが楽にできるような大きさの弁当箱であることが基本だと知りました」

幸いにもＮＲＥ調理センターの工場のすぐ近くがＪＲ東日本の尾久車両センターだったので、メジャー持参で主だった車両に試乗させてもらい、テーブルの寸法を測るということをやってみた。

「いろいろ乗らせてもらってみてわかったんですが、テーブルの寸法って均一じゃないんです。

列車によって微妙に違う。新型車になればなるほど、テーブルのサイズがわずかに小さくなっているような気がします。座る空間をゆったりさせるためなんでしょうか。テーブルの材質は、列車による違いはほとんどないとは思いますが、弁当箱が滑ったりしないものかどうか、確認してみたり。そのころはアルミの縁があるテーブルもありました。今は縁のないテーブルが多いのかな。縁がないと、滑ったりしたら弁当箱が落っこちてしまう。それでは困るので、滑りにくい素材の弁当箱を使うことも意識します。でも、重たくなってはいけません。箱ごと、手に持って食べるというシチュエーションもあるでしょうから」

横山の駅弁へのこだわりは、その当時も今も深くて広い。その入り口となる基本を教えてくれた阿部工場長は、2009年夏にNRE大増を定年退職し、かつてのように駅弁について語り合う時間はなくなってしまったが、「自分を変えてくれた恩人」と、横山は言う。

●インパクトのある駅弁とは？　東京の駅弁とは？

横山が試作品を仕上げても却下されるという状態が半年ほど続いた。

「ダメ出しの回数ですか？　覚えていませんが、十数回はあったんじゃないでしょうか」

ただ最初のころのように「これが商品になるのか？」といったことではなく、「売れる駅弁にするにはどうしたらいいのか?」といった段階まできていた。

横山の試作品は、NREやNRE調理センターの幹部、駅弁販売担当者、開発担当の栄養士らが出席する商品開発会議の場でも発表されたが、そこでたびたび指摘されたのが、「これでは今までの商品と変わりがない」ということだった。さらには「なんのための駅弁革命なのか? 今まではない、おいしくてインパクトのある駅弁を作ってほしい」とゲキを飛ばされたのである。

横山は自社の主だった駅弁を改めて購入し、食べてみた。

「当時、NREで『井の膳』という高級幕の内風の弁当が出ていました。そのころのNREの主力駅弁のなかでは最も高額な1200円という価格だったんですが、けっこう人気があったんだそうです。でも、よくなかった。何がダメだったのかというと、関係者に聞いてみたらリピーターのお客様がいないということでした。親しみやすい幕の内なので、お客様は一度は買ってくださるんですが、決して安くはないからそのあとは買ってもらえない。だから商品としてジリ貧になってしまうということなんです」

1000円以上の価格設定をするからには、それにふさわしい付加価値のある駅弁であることが求められる。「一度食べたから、もういいや」ではなく「前に食べておいしかったからもう一度」という、繰り返し買ってもらえる魅力を持たせなければならない。無難な幕の内風の弁当に走ってしまっては、首脳陣からＯＫをとりつけることはできないだろう。横山はそう感じた。

魅力のある駅弁ということで、商品開発会議の場で議論が重ねられたのは「東京の駅弁とは何か？」であった。その土地の名物を使って、その駅でしか売っていないものを駅弁の定義とするならば、「東京の名物とは何？」「東京にはどんな名物があるんだろう？」という問題に直面する。そしてそのたびに、率直なところ、東京にはこれといった名物は思い当たらない、という逆説的な結論にいたってしまうのだ。これに対して地方の駅弁にはその土地でとれた新鮮な海・山の幸が詰め込まれ、地域色豊かに駅弁の特色をアピールできるという利点がある。となると、名物のない東京は、地方の駅弁と同じような視点で駅弁を開発することは難しく、むしろ地方駅弁とは違った発想による商品開発をしていかないと生き残れなくなる。

ちなみに東京で地域色ということなら、ＮＲＥには「深川めし」（現在８５０円）という駅弁がある。江戸時代に漁師の食事だったと伝えられている深川飯をアレンジした駅弁で、アサリの炊き込みご飯の上にアナゴの蒲焼き、ハゼの甘露煮など、かつての東京湾の名物だった料理をのせたものだ。「駅弁革命」では、この「深川めし」はそのまま同社のロングセラー駅弁として位置づけておくとして、それとはまったく別の新しい東京の駅弁の開発を目指していた。それゆえに横山をはじめ、商品開発担当者はおおいに頭を悩ませることになる。

東京の郷土色を打ち出したロングセラーの駅弁「深川めし」

「東京の駅弁をいかに開発するか」は、現在も継続的に大きなテーマになっているところだが、「駅弁革命」の初期にあたるこの当時、横山ら開発担当者はこんな結論に行き着いていた。

「首都東京は、全国からおいしいものが集まる食都。そういうイメージを活かした駅弁を作ろう」と。

「何かひとつの名物食材に特化して、それをメインにする弁当は、東京では難しい。となると、自分はどんなふうに駅弁を表現していけばいいのかなと悩みました。いろいろ考えた末、これまでやってきた懐石料理を活かしていこうと思ったんです」

そうして、横山は季節の旬の素材を使い、四季折々で献立を変えていく懐石風の弁当を提案した。「ご当地の名物」にこだわることなく、東京に集まってくる旬の食材を盛り込み、季節感そのものを売り物にする駅弁。これこそが、東京からどこかへ出かけるという「非日常感」や「旅のワクワク感」を演出することにもつながるのではないか、東京発信の駅弁としてみてもらえるのではないか。また、季節ごとに内容を変えることでリピーターもつかんでいけるのでは、と考えたのだった。

季節で料理の内容を変えるというコンセプトの駅弁は、今でこそ、そう珍しいことではなくなっているが、当時のNREとNRE調理センターにとっては、画期的なことだった。季節ごとにメニューを変えるとか、客の動向に合わせてこまめにリニューアルをするということなど、ほとんどやっていなかったのだ。当時、NRE調理センターで作っていた駅弁は1日あたり40〜50種類ほどだったが、メニューの内容は長い間、変わらないままだったという。現在、NRE大増では季節で内容を変える商品や、季節の限定駅弁を含み、60種近い駅弁を製造している。

さて、横山が提案した懐石風の駅弁は「季節の吹き寄せ弁当」として2000年9月に第1号が発売となるのだが、そこにいたるまでにはいくつもの高いハードルを越えなければならなかった。

●工場で作れなければ、商品にならない

2000年春、横山は自ら提案した懐石風の駅弁をどのようにして実現していこうか、思い悩

んでいた。主な購買ターゲットは、40～60代の女性。そうした層の人が「非日常的な感覚」になったときに購買意欲をそそられやすい駅弁ということで、弁当箱を十字に仕切って、そこに料理を盛り付ける松花堂弁当スタイルの駅弁に仕立てようと考えた。ＮＲＥの幹部や駅弁革命プロジェクトのメンバーからもＯＫをとりつけることができた。だが、肝心の内容が決まらない。どういう料理をどう組み合わせるか、料理の構成からして悩んでしまっていたのである。

ちなみに松花堂弁当とは、江戸時代初期に京都の僧・松花堂昭乗《しょうじょう》が用いた、正方形の箱を十文字に仕切った器がルーツ。昭和初期に、この器に口取（前菜盛り合わせ）、向付（刺身など）、炊き合わせ（煮物）、ご飯を盛り込んだものが、懐石料理店などで提供されるようになった。現在では十字に仕切った正方形の器にさまざまなおかずを盛り込んだ料理を、一般的に松花堂弁当（または単に松花堂）と呼んでいる。

「弁当箱の右上の部分の仕切りには口取を入れて、こっちには炊き合わせを入れて、揚げ物、焼き物、食事……という具合に頭のなかでイメージを組み立ててみました。懐石料理の流れでは、入り口にあたるのが口取で、そこでお客様をぐっと引き込むんです。その季節を代表する素材を使って、弁当箱をあけた瞬間に『わっ！』と思っていただく。そんなことを考えていたんですが、原価的な問題もあって、高価な素材は使えない。ならば、似たようなもので代用すればいいじゃないかというと、そうはいかない。単品単品の料理はうまくできたとしても、それらを組み合わせたとき、全体のバランスが悪いと、商品として成立しません。味、食感、見た目……。トータルバランスが大事ですから」

懐石の料理人として緻密な計算を働かす横山だが、「お客様の視点」でも考えてみた。

「私が食事の流れを想定していても、お客様がどういう順番で食べるのか、わかりませんよね。おなかがすいていらっしゃれば、ご飯から先に食べるかもしれませんし。要はお客様のお好みで食べていただければいいんだと思い直しました。そして、食べ終わったあとで『おいしかった』と思っていただければと」

懐石料理の手法や考え方をそのまま駅弁に持ち込むことは難しいと理解している。でも、これまで培ってきた技術と経験は少しでも活かしたい。

そんな思いを抱く横山が、どうしてもクリアしなければならない問題があった。それは、駅弁は厨房ではなく、工場で作られるということ。前々から阿部工場長ら製造関係者から「工場のオペレーションに合う駅弁を」と言われていたのだが、コンセプトや料理内容が徐々に固まってきて、商品化に取り組む段階へと進んできたとき、「工場での調理をどうするのか」という課題に向き合わねばならなかった。横山が味、食感、見た目にどんなにこだわったとしても、どんなに斬新なアイデアを出したとしても、工場の製造ラインにのせられなければ、駅弁商品として形にならず、世の中に送り出すことができないのである。

工場では白衣、マスク、キャップ、ゴム手袋で作業をする

工場は厨房とは違う。工場に入るには専用の白衣と靴を着用し、キャップ（帽子）をかぶり、手を消毒液でよく洗い、さらにマスクとゴム手袋をつけなければならない。駅弁は出来立てを比較的すぐに食べるのではなく、まして電子レンジで温めて食べるものでもない。調製後にある程度の時間を経てから、列車の中な

どで食べるという前提で作られるのだ。その間の菌の繁殖を抑え、商品の劣化を防止するために工場では徹底した衛生管理が行なわれている。

「今でこそ、『弁当や惣菜など食品関係の工場で働くなら、衛生管理の意識を持たねばならない』などと従業員に指導している私ですが、初めて工場へ入ったときはびっくりしました。マスクにゴム手袋の厳重装備で、呼吸《いき》もできないんじゃないかと思った（笑）」

その工場とは、荒川区西尾久にあるＮＲＥ調理センターの工場で、１９９０年に建設。作業工程ごとに温度管理や処理法などを細かにチェックする体制をとっていた。

煮炊きした食材を急速に低温化する冷却機

　駅弁をはじめ、食を提供するビジネスに関わる者にとって、最優先で考えなければならないのが食中毒など事故の防止であり、食の安全を守ることである。工場に衛生管理をほどこすことは当然のことではあるが、そのなかでもＮＲＥ調理センターの工場の管理体制は当時、新しい手法として評価され、１９９９年10月には食品衛生優良施設

ベルトコンベアに沿ってスタッフが並び、次々と流れ作業で盛り付けを進めていく。これが「駅弁を作る工場」だ

として厚生大臣（当時は厚生省）の表彰を受けるまでになっていた。

このように衛生面の管理システムの整った工場では、当時、1日に平均して3万個前後の駅弁が製造されていた。

ここでNRE調理センターの工場での駅弁製造の工程をざっと説明すると、駅弁の種類や料理の内容にもよるが、だいたい、次のようなプロセスとなる。まず素材の洗浄・下処理をし、加熱調理。そして、真空冷却機で急速冷却する。急速冷却とは、加熱調理された食材を真空冷却機によって素早く温度を下げること。

細菌には繁殖しやすい温度帯がある。摂氏20〜50度がそうだ。自然に冷ます場合は、調理済み食品が、ある程度の時間、この温度帯でおかれるこ

写真奥に見えるのが500〜800キロの煮炊きができる巨大な回転釜。ぶら下がったへらも巨大だ

とになり、菌の繁殖の可能性が生じやすい。しかし急速冷却ならこの温度帯を一瞬のうちに通過して、菌が繁殖しない温度まで下げることができる。調理済み食品をすみやかに20〜50度の温度帯を通過させることで、菌の繁殖を抑えることができるわけだ。真空冷却機は、現在では一般的に学校給食や惣菜工場など、大量調理が必要とされる施設で導入されている設備である。

駅弁の製造工程に話を戻す。調理された食品は、真空冷却の後、所定の温度で管理された場所で保管され、その後、盛り付け、包装などを経て販売場所別に仕分けられ、出荷という工程をたどる。

横山は、初めて工場へ足を踏み入れたときのことをこう話す。

「ベルトコンベアの上に弁当箱が回っていて、従業員の人たちが次々に具材を詰めている。『横山さんもやってみますか？』と言われましたが、自信がないからやりませんでした。料亭の厨房で盛り付けをするのとはわけが違います。ベルトコンベアが動くなかでやるんですから、『この具材はどこに置こうかな？』などと、ちょっとでも悩んでいると通り過ぎてしまう。みなさん、手際よくてすごいなと思いました。加熱室に行くと、大きなガス回転釜がありました。写真で見たことはありますが、実物を見るのは初めてだったので、『これでどのくらい煮炊きできるんですか？』と聞いたら、『たとえば里芋の煮物なら内容量で500〜800キロ炊けます』ということでした。800キロですよ！　それまでの自分の調理経験ではなかった数字です」

この工場の調理システムで、自分が考案した駅弁を形にするには、これまでの経験だけでは厳しいかもしれない、そんなことをひしひしと感じていた。

●「おいしく大量に安全に調理」を目指して試行錯誤を重ねた

横山が自身のアイデアを工場で形にするためには、さしあたって次のようなハードルを越えなければならなかった。

（1）大量に調理できるようなレシピを考案すること。

（2）食中毒を起こしたり、弁当が腐敗しないような料理を作ること。
（3）工場の作業システムに対応できる調理法、盛り付け法であること。

これら3点は実は、今もって横山らが新作を開発する際には必ずクリアしなければならない事項となっており、専門的な知識と技術がなければそうたやすくできることではない。およそ10年前、駅弁作りにおいてまったくの新人だった横山には、この3点をクリアするために並々ならぬ苦労があったことは想像に難くない。そして、この3点を可能にしたことこそが、横山のすごさであり、駅弁革命を進めていく力になったのである。

まず、（1）のレシピについてである。料亭の厨房での調理と、駅弁のための調理とで味付けを変える必要があったのだが、大量調理ということで特に考慮する必要があったのは煮物という。

10人前、20人前の世界だと、味付けの微妙な調整は料理人が自分の感覚を頼りにしてできる。しかし、何百食、何千食の単位で大量に作るレシピに落とし込む場合はそうはいかない。500キロ、600キロもの材料を炊く状況で、仕上げの段階で『この味ではダメだから使えない』という事態になっては無駄が出るし、仕込みの作業工程全体にも影響が出てしまう。

「だから試作の段階で、大量調理を想定してレシピを考える必要があります。必ず、大きな鍋で

１００食以上炊いてみないと。難しいのは醤油、砂糖、酒など調味料の分量が、単純なかけ算の世界ではないということ。たとえば砂糖でも１人前を作るのに必要な分量を３グラムとしたとき、計算上では１００人前で３００グラム、１０００人前だと３キロのはず。でも、実際に味見をすると、しっくりこなかったりする。『あれ？　なんでこんな味にしかならないのかな』と。ですからレシピ決定までは、時間がかかります。そのあたりは自分一人で考えているだけではダメで、工場で現場の人と協力しながら何度もやってみて初めてできることなんです」

材料や調理法などを決めるうえで、ＮＲＥのポリシーでもある「合成着色料など添加物は極力使わないこと」も考慮しなければならなかったが、さらに大きな壁として立ちはだかったのは（２）で挙げた、食中毒などを起こさないための衛生管理である。ＮＲＥ調理センターの工場のほど近くにはＮＲＥの衛生試験室があり、この試験室が行なう細菌検査に通らないと、どんなにおいしくても商品として発売することができないからだ。

この細菌検査とは、調理済み食品が25度の温度環境において20時間前後の時間が経過した後、その食品に細菌がどのくらい増えているかをチェックするという検査で、ＮＲＥで定めた基準値を超えてしまうと、容赦なく「不適」とされ、検査に通るまで作り直しをすることが義務付けられる。かまぼこや漬け物のような、他社で一次加工をほどこして仕入れた食材もすべてこの検査

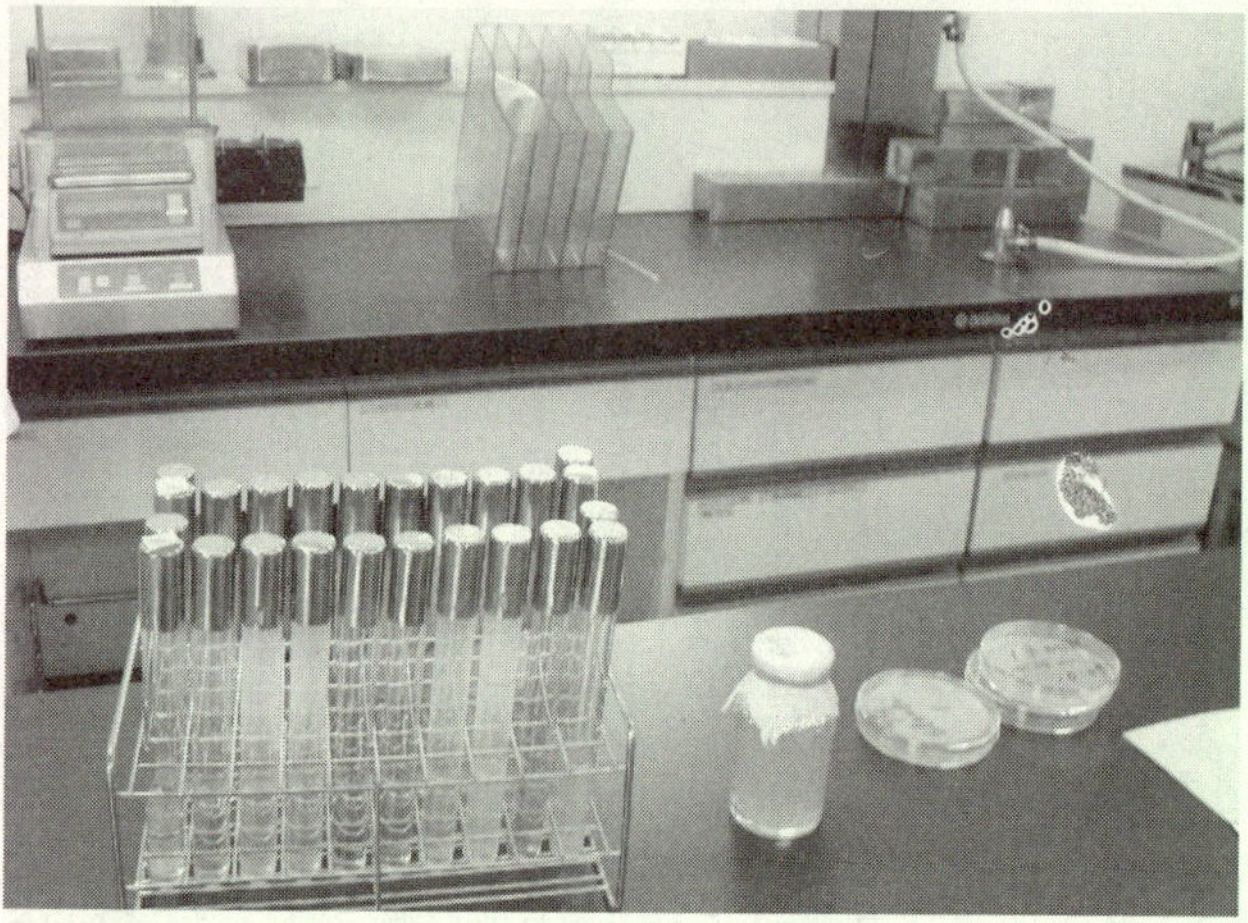

衛生試験室は、まるで化学実験室のよう

にかけられ、「不適」となった場合には、その食品会社に頼んで加工の工程を見直してもらうか、時間の余裕がない場合には取引先を変更するケースもまあるというほど、厳しいものである。

こうした「食の安心・安全」を徹底させることは、駅弁製造など食品関係の企業に求められてしかるべき正しい姿勢なのだが、この衛生検査の壁は、駅弁の世界に入ったばかりの横山にとっては、高くて険しいものにほかならず、「懐石料理の技術を全面的に否定されたような気持ち」になったともいう。

まず、使える食材が無尽蔵にあるわけではないと思い知らされた。駅弁革命プロジェクトに招集される以前から、刺身などは駅弁に使えないことは承知していたが、生野菜は使用不可、煮炊きすることが前提であっても、簡単に加熱する程度では土壌菌が死滅しないなど、思っていた以上に食材の制限があった。こうした食材の問題は、横山が衛生試験室に足繁く通って検査担当者に解決法についてアドバイスを請うたり、専門書を調べたりと、地道な研究を重ねていった結果、駅弁に使えるようになったケースもあるのだが、そのあたりは後の章でおいおいふれていきたい。

「食材もさることながら、調理方法の問題がありました。料亭で調理をする場合、半なまのほうがおいしいものってあるじゃないですか。海老などは火を通しすぎると硬くなるので、さっと火を通して、あとは余熱で調理するような感じで、そうすることで海老の甘みとか香りとか、味自体を楽しめる。でも、工場では衛生の問題があるので、そうはいきません。食材の中までしっかり火を通すために、食材によっては30分ぐらい加熱しているんですよ。煮物類も焼き物類も、ほとんどがそうなんです。そういう方法で調理をしていると知って、『え〜！』と思いました」

菌の発生を防ぐために調理時間を長めにしなければならないのは、いたしかたないことだろう。とはいえ、「加熱時間は30分」のルールは、一般的な料理の常識とは異なるものだ。素材によっては30分も火を通せばパサパサになってしまうし、風味や歯ざわりも変わってしまう。場合によっては煮崩れてしまうこともあるだろう。素材の持ち味を活かすどころか、「おいしさ」からは遠のいてしまうのだ。横山は頭をかかえてしまった。

なんとかならないか？　素材の持ち味を出すことをあきらめてしまっていいものなのか？「おいしさ」と「安心・安全」の両立をかなえなければ、「これまでにはない駅弁」は生まれないのだと自身に言い聞かせ、横山は粘り強く取り組んだ。当時は東京弥生会館の料亭仕事をこなしながらの駅弁開発だったが、終業時間後も弥生会館の厨房に残り、ときには夜を徹してさまざまな調理法を試してみた。

そうして横山が出した結論は、食材の種類や料理の内容によって、加熱時間と芯温（食材の内部の中心温度）の設定を変えることや、火加減を調節すること。たとえば煮炊き料理なら、従来は中火で30分炊いていたものを「5分間強火にしてあとは火を弱めて30分ゆっくり炊く」とか、魚を焼く場合なら従来はどれもほぼ同じ加熱時間と芯温設定にしていたものを種類によって変える、といった方法の導入だ。揚げ物も同様だが、冷めてしまうとベトベトになって油がくどく感じられがちなので、油の温度の調整や、衣の中に魚介類のすり身を混ぜて冷めてもしっとり感のある揚げ物に仕上げればいいのではないかと、横山は考えた。

ただし、問題は「はたして工場でできるのか」ということ。工場で駅弁を作るのは横山自身ではない。工場の現場で働く人たちが「できない」となれば、商品化へと進んでいけないのである。そのためにも、前述の「（3）工場の作業システムに対応できる調理法、盛り付け法であること」

をなんとしてもクリアしなければならなかったわけだが、道のりは困難をきわめた。

●現場の人たちは賛成してくれなかった……

横山が提案したのは懐石風の駅弁で、正方形の容器を用い、十字に仕切った中に20種以上の品目を彩りよく盛り合わせるという「季節の吹き寄せ弁当」。旬の素材を使った焼き物、煮物、揚げ物などを詰めるという日本料理店の弁当料理のような趣の駅弁だったことに加え、季節ごとで料理内容をリニューアルしていくところに新しさがあった。

横山は、製造現場の従業員に対し、「季節の吹き寄せ弁当」の趣旨を説明し、協力してほしいと願い出た。が、誰からも賛同は得られない。それどころか「こんな手間のかかる駅弁なんてできない」「季節で料理を変えるなんて、そんな難しいことはできない」「ここは日本料理店ではない」……と、後ろ向きの発言を投げかけられることになる。当時39歳の横山は東京弥生会館の料亭の仕事が主であり、NRE調理センターの製造現場で働く平均年齢54歳の従業員からすれば「部外者の若造から難しいことを言われても……」といったような抵抗感があったのかもしれない。

そのころ、NRE調理センターの工場では、種類は今より少ないとはいえ、個数にして1日平均3万個の駅弁を製造し、そのほかにNRE外商部が受注してきた企業・団体向けの折り詰め弁当の製造もこなしていたため、連日大忙しの状態ではあった。だから会社が苦境の真っ只中にあったにもかかわらず、現場の従業員には危機感というものがほとんどなかった。作った駅弁は東京駅や新宿駅、上野駅といった大きな駅で売られていて、いわゆる町なかにある弁当店や飲食店とは違い、競争相手もそうそういるわけではないから会社がつぶれるわけはないと。

危機感どころか、おいしいものを作ろうという意気込みもなく、ゆるみきった雰囲気を感じてしまっていた横山だが、「季節の吹き寄せ弁当」を形にするべく、突き進むしかなかった。数少ない理解者である阿部工場長に協力を仰ぎながら、製造現場の従業員への指導を開始した。

「季節の吹き寄せ弁当」は懐石風のエッセンスを取り入れた駅弁である。製造するプロセスにおいては、板前並みとまではいかないまでも、これまでの駅弁作りにはない技術が必要とされる。カット済みの状態で仕入れる食材だけではなく、生の食材も使うことになる。横山は食材の切り方や料理の盛り付けなどの基本を教えながら、自身が考えるような大量調理の方法でやっていけるものなのかどうか、現場の担当者と話し合いを続けた。それでも「なんでこんな大変なことをやらなければならないのか」「懐石をやっている人に駅弁の何がわかるのか？」といった声がはしばしでささやかれ、横山は逆風のなかに置かれていることを認識せざるを得なかった。

しかし、「なにがなんでも駅弁革命を成功させたい」と日に日に熱が入っていった横山には、そうしたことを深刻に考える余裕などなかった。それより何より、横山が困っていたのは、工場の製造ラインで試すと理想形の駅弁として仕上がってこないことだった。横山がサンプルを作って現場に渡し、作り方を指導しても、工場で出来上がったものを見ると、意図したものとは味、見た目ともにかけ離れたものになってしまうのだ。

「盛り付けならばいくらでも修正しやすいんですが、食材の形が縮んでしまっていたり、味がうまくのっていなかったり。調理器の特性みたいなものもあるんでしょうけれども、なぜこうなるのか、なんでこうなるの？　って感じでした」

一度や二度、うまくいかないからといってがっかりしているようでは新しい駅弁は生まれない。そんなことをこれまでの経験で学び取っていた横山はくじけなかった。そのつど、解決法を探り、工場の製造ラインで試すといったトライアンドエラーを繰り返していった。

「お恥ずかしい話なんですが、そのころは私が工場のことを何もわかっていなかったというのもあります。『季節の吹き寄せ弁当』は、プロの調理師なら難なくできてしまうんですが、駅弁の工場はパートの女性とか、料理のプロではない人たちが支えている。だからそういう人たちでもスムーズにこなせるような作業内容でなければいけないと思い当たりました」

自分が足りない部分を素直に受け入れて、それを補う努力をする横山らしい言葉である。が、この言葉の背景には、この会社の駅弁の製造・出荷体制という事情もある。

現在のNRE大増の場合、販売のピークの時間帯などさまざまな理由から、主要駅への配送は1日6便体制（NRE調理センター時代は4便）となっている。駅弁の製造現場では、配送便ごとに設定されている出荷時刻に合わせて調理をし、盛り付けをして調製する。1日6便体制ということは（駅弁の種類によっては2〜5便）、商品を1日6回に分けて作ることになるので、工場の24時間はかなりあわただしいといえる。

出荷の時刻に遅れが出るということは、販売店への納品が遅れることになり、客の需要を逃すこと（チャンスロス）になってしまう。したがって、調理や調製にあたる人はそれなりの時間感覚をもって作業に取り組まなければならない。「5分でできる作業が10分かかるだけでも影響が出ます」と、横山は言う。

たとえば、昼のピーク時、東京駅の販売店に11時30分に納品を予定していた駅弁が、11時40分に納品となった場合。その10分の間は販売店の品揃えが不足することにもなり、店頭で足を止めた客も「買いたい駅弁がない」ということで何も買わずに立ち去ってしまう可能性がある。東京駅という巨大な駅の売店ともなれば、たった10分のタイムロスが、数十個の駅弁の売上げを逃すことになりかねないのだ。

このように駅弁の製造現場では、作業効率も求められる。

横山は製造現場の従業員からこまめに意見を聞き、「これはできない」と言われた作業内容を考え直すこともいとわなかった。野菜の切り方も大きさを揃えやすい乱切りを多用したり、食材を串に刺すといった作業を減らしたり。とはいえ、作業効率を優先してしまうと元の木阿弥である。あくまで料理の根本的な内容に影響が出ない範囲でひと手間を減らすべく、マイナーチェンジを試みたのである。横山は妥協したのではない。自分が考案した駅弁を世に出し、駅弁革命を起こすために必要なことだと、前向きに考えていたのである。

当初懸念されていた盛り付け（調製）のオペレーションについても解決した。横山が考案した「吹き寄せ」は品目数が20種以上と従来の駅弁より多いうえ、見映えよく詰めなければならないため、「ほかの駅弁の調製もあるのに大変だ」と担当者たちは不満をもらしていたのだが、「ならば、実際にやってみてください」と、頼み込んだ。通常の駅弁とほぼ同じ人数の15人でベルトコンベア（調製ライン）で流してみてもらったところ、最初は1時間に300個程度しか流れなかったのが、やっているうちに1時間後には1時間600個くらいできるようになった。同社の最も売れ筋の「幕之内弁当」の1時間1000個のペースには及ばないものの、著しい差ではないということで、「これなら大丈夫」と、調製ラインのゴーサインが出たのだ。

「担当者の方たち、慣れていらっしゃる。『ここはこうしたらいいわね』『ここはあなたと手分けしましょう』と工夫してくださったんです」

横山は懐かしそうに、そう語ってくれた。

●「季節の吹き寄せ弁当」、ついに完成！

2000年初夏、横山は「季節の吹き寄せ弁当」の商品化という目標に向かい、最終チェックに臨んでいた。製造ラインから仕上がってきた試作品の試食をし、味、食感、見た目、いずれも「これならば」という出来に仕上がった。

「あ、これはやれるなと思いました。私自身、試作品を全部食べて、これだったらおいしいな、よかったなと。売れるかどうかなんて考えなかった。ただもう、『できた！　つくれた！』という気持ちしかありませんでした」

横山による駅弁第1号は2000年9月に発売が決まった。価格は1300円。これは横山が原価から割り出して提案した値段だが、当時のNRE調理センターで製造していた駅弁の平均価格1000円を上回るどころか、最も高額になってしまうとあって、当初はNRE幹部や販売サイドでは難色を示していた。決め手になったのは、ベテラン販売員の意見だった。

「秋露のささやき」というネーミングには横山の思いがこもっている。写真は2009年秋のもの

「東京駅の販売店の方は、お客様の行き先がなんとなくわかるんだそうです。荷物を持って、晴れやかな表情をしている女性がいらっしゃると、『あ、この方、京都へ行くんだ』とか、『長距離の旅行に出かけられるんだ』とか、だいたいわかると。そういうお客様におすすめしても大丈夫です、たぶん買ってもらえると、言ってくれました」

　横山にはまだ、大仕事が残っていた。食材の仕入れ体制の変更を迫られていたのだ。「季節の吹き寄せ弁当」は季節ごとに料理をリニューアルする駅弁なので、四季折々に旬を訴求できる食材を確保する必要がある。そうなると、これまでのように決まった取引先から決まった食材だけを年間を通して仕入れるという方法では対応できないケースが出てくることが予想された。そこで、横山が行動したことは、そのときどきで季節の旬の食材をこまめに納品してくれる取引先を開拓することだった。東京弥生会館に出入りしている取引先や、そのつてを頼って別の取引先を紹介してもらい、直接出向いて交渉した。

「でも、業者さんに『どのくらいの量を納品すればいいんですか？』と聞かれたとき、こちらは何も返答できませんでした。『吹き寄せ弁当』がどのくらい売れるのか、予想がつかなくて。販売個数の目標は販売サイドにはあったのかもしれませんが、私自身は特にはなかったんです」

ちなみに横山が仕入れ先の選定まで関わったのは、料亭での経験も含め、初めてのことだったという。

さて、価格が決まり、掛け紙（駅弁を包む包装紙）、弁当箱などを次々に決定していった。弁当箱には木肌をイメージさせるような色調の発泡材の容器を用いて高級感を演出。さらに横山の希望で、献立や旬の食材を書き入れた「お品書き」も添えられることになった。

「自社、他社を問わず、私が駅弁を食べた経験ですけど、何を食べているのかわからないのは不安です。見た目では想像つかない料理もありますし。それならお品書きをつけましょう、という提案をしたんです」

こうして誕生した「季節の吹き寄せ弁当」。第1作は9月発売で秋の味覚を盛り込むので、「秋露のささやき」と名付けられた。この吹き寄せ弁当は季節ごとにネーミングを考え、今にいたるまで何度かの変更をしているが、「秋露のささやき」は変わらず、秋の吹き寄せ弁当の名称となっている。そして、この「秋露」のネーミングの生みの親は、横山その人である。

「少年時代に見た秋の景色のイメージです。うちは田舎でしたから、秋になると、小学校に登校する道すがらの田んぼに、たくさんの赤とんぼが羽を休めてとまっているんです。朝だと、夜露で羽がぬれている。昼ごろになると羽が乾いて、夕方になるとあたりを飛び回っていて……ときおり、赤とんぼをつかまえては空へ放したりしていました」

思い出とともに、自身の「第1号駅弁」として深い思い入れのある駅弁となった。

発売となったその日。東京弥生会館へ出勤する前の時間を利用して、JR東京駅構内の新幹線中央改札近くにある駅弁の売店（5号売店）へ足を運んだ。店頭に並ぶ「秋露」を見てみたいと思ったからだ。残念ながら平日午前9時ごろという時間帯とあって、駅弁を買い求める客は少なく、「秋露」を購入して手にする客の姿を見ることはできなかった。

しかし、その1週間後、東京駅5号売店の店長から電話が入る。「すごく売れています。売り切れになりましたよ」。そう聞いて、ようやく横山は心から安堵した。

「こういうときには、苦労したことを思い出すものだ、とか一般的にはいわれているみたいですが、私の場合はそういう感覚はなかった。それよりも本当にほっとしました。そのころすでに、冬に売る吹き寄せ弁当の構想を練っていましたが、これで駅弁から解放されるのかなという思いもありました」

だがしかし、その時点では「駅弁革命」はまだ序幕にすぎなかった。「秋露」が発売となった2000年9月、NRE調理センターの社長に表輝幸が就任。そして、横山自身も、東京弥生会館に総料理長としての籍をおいたまま、NRE調理センターの取締役料理長を兼任することになった。「駅弁革命」を強力に進める表社長の陣頭指揮により、横山は次々に新しい駅弁を創り出していくことになる。

第2章

始動

「冷めてもおいしいご飯」を追求 ～幸福べんとう

●「季節の吹き寄せ弁当」第2弾は、東京発信のフグの駅弁

２０００年9月、ＮＲＥ調理センターの社長に就任した表輝幸は、最初の挨拶で約３００人の従業員（現在のＮＲＥ大増は約７００人）に熱く語りかけていた。

「駅弁が売れなくなっていて、わが社の売上げも下降線をたどっている。あと2年もすれば、つぶれてしまうかもしれないという苦しい状況にある。今こそ駅弁革命を起こし、お客様に喜んでいただけるような高品質な駅弁を作っていこう」と。

就任時の表は36歳と、ＪＲ東日本グループの企業のなかでは最年少社長だった。国鉄分割民営化後のＪＲ１期生としてＪＲ東日本に入社後、帝国ホテルへの出向や駅ビル、マンション開発などを経験し、ＮＲＥ調理センターの社長職を命じられる。

「こんな駅弁を開発したい、こんな駅弁を作ってほしいと、アイデアがぽんぽん出てくる方。保守的ではなく、どんどん新しいものを取り入れる方でした」と横山が言うように、２００４年6月に退任するまでの約4年の任期中、横山を後押しして数々のヒット駅弁を誕生させている。あの３８００円の高額駅弁「極附弁当」も、表社長の決断なしには生まれていなかっただろう。

現在、ＪＲ東日本の事業創造本部の部長職に就く表輝幸は、ＮＲＥ調理センターの社長就任当

時をふり返る。

「駅弁が売れなくなった理由は外食業界での競争の激化や、新幹線の高速化などが挙げられますが、何よりお客様の多様化するニーズに対応できていないからだ、と感じました。そこでお客様の声を拾うためにアンケート調査を実施したり、社長就任挨拶にうかがった先でも話を聞いてみました。そうしたら、駅弁は高い、まずい、種類が少なくて食べたいものがないという意見ばかりでした。驚いたのは、東京駅で弁当を買うときはわざわざ改札の外に出て近くの百貨店の食料品売り場で買うという方が圧倒的に多かったこと。調査をしてみたら、結果は明白でした。東京駅では百貨店でお弁当を買ってから旅行に行く方が１日１万５０００人ほど。それに対し東京駅のＮＲＥ売店では１日平均１万人でした。つまり、デパ地下のお弁当に負けてしまっていたんです」

社長に就任してすぐのころ、ある企業に駅弁を注文してもらったが、「まずい」というクレームを受け、自らお詫びに出向いたという苦い経験もした。

「私自身、悔しかったです。なんとしても味を向上させ、おいしい駅弁を実現させようという気持ちになりました」と話す表がＮＲＥ調理センターの社長時代に掲げたキャッチフレーズは、「徹底した顧客志向でお客様に心から喜ばれる駅弁」「おいしさではどこにも負けない駅弁」「他社との競合に勝てる、魅力あふれる駅弁」。かくしてこれらを柱に駅弁革命は進められていく。

新体制になったNRE調理センターで取締役料理長となった横山は、東京弥生会館の料亭の仕事を中心にしながらも、駅弁開発の仕事にも時間をさいていた。その前年から試行錯誤を重ね、生みの苦しみを伴いながら約1年かけて発売にいたった「季節の吹き寄せ弁当　秋露のささやき」は、2000年9月の発売1カ月後には1日に400～500個売れる商品になっていた。ちなみにNREの駅弁の場合、「1日200個売れればヒット」と判断するということなので、「季節の吹き寄せ弁当」は好調なスタートを切ることができたといえる。

横山が第2作となる「季節の吹き寄せ弁当」冬版の開発に取り組み始めたころ、表社長はこんなプランを打ち立てた。それはNREグループの和食・洋食・中華のそれぞれで実績のある料理長に駅弁を作ってもらい、「和洋中の競演駅弁」として2000年12月1日に売り出すというものだった。その企画で「デパ地下の商品に負けない駅弁を」との表社長の要請に応え、和食駅弁を担当した横山は、「季節の吹き寄せ」の冬版として考えていた「冨有《ふゆ》の華《はな》」を提案したところ、即採用になった。横山が考えたのは、フグを使った駅弁だ。

「冬の味覚といえば、フグだろうと思いました。そうしたら、花のような形をしているフグの薄造りが浮かんできて、冬の花だなと。当て字を用いて『冨有の華』と名付けました」

　この和・洋・中の駅弁競演企画で困ってしまったのは工場の製造現場である。「秋露」で新作駅弁の製造を経験していたとはいえ、一度に3種類の新作駅弁を作ることは無理だというのだ。それを表社長が説き伏せ、ときには工場に泊まり込んで製造現場を手伝い、無事、12月1日に3種類の同時発売にこぎつけた。

　横山の「冨有の華」について少々説明しておこう。フグの駅弁は山陽本線下関駅（山口県）のものが知られているが、ほかではそうそう見当たらない。そうした珍しさからくるインパクトを、「全国から季節のおいしいものが集まる東京」のイメージで仕上げたという。松花堂弁当を意識した弁当箱にフグの唐揚げ、牡蠣の蒲焼き、寒ブリの焼き物、野菜の煮物、カニご飯など、冬の味覚を盛り込み、季節感を表現した。価格は、前作「秋露」と同じく1300円。同時に発売された中華の「東京中華」も1300円、洋食駅弁の「アメリカンランチボックス」は1100円。3種とも高めの価格設定にもかかわらず、よく売れた。売行きもさることながら、購入した客からハガキや電話で「おいしかった」と感想が寄せられるようになったというから、これは「事件」である。横山は表社長から指示を受け、客からほめられた言葉を拡大コピーして、工場の製造現場で働く人たちが見えるような場所に張り出した。

「お客様から反響をいただくようになってから、製造現場の人たちもいいものを作るぞ、という気持ちに変わっていったように思います」と、横山は言う。これまでは、製造現場では新作駅弁というと、「難しい」「面倒だ」と尻込みしがちだったのが、駅弁革命で働く人たちの意識にも革命的な変化が始まっていた。

●低価格化の失敗から見えてきたこと

以下は横山が直接関わった弁当ではないのだが、興味深いエピソードなので、ここに書き記しておきたい。

「和洋中の競演駅弁」で1000円台の駅弁が売れて大成功を収めた一方で、表社長はコンビニ弁当に対抗して「低価格化」路線も試みていた。2000年10月に「幕之内弁当」を1000円から850円に下げるなど、定番商品6種類を1～2割値下げし、平均価格を800円台に下げた。また、弁当の中身が見えるよう、透明なふたを用いた。すると、販売個数が増えるどころか落ちてしまったというのだ。同様に透明なふたを用いて、500円で売り出した商品「お買い得だね　駅弁」にいたっては、日に50個も売れないというさんざんな結果に終わった。

この失敗例から当時の表社長が学んだことは、「コンビニ弁当と、駅弁とでは、お客様が求めているものが違う。同じ土俵で闘う必要はない」ということだった。駅弁は毎日の食事とは違い、旅の楽しみという非日常のなかで味わうもの。だから、たまの旅行の楽しみである駅弁は、多少高くてもおいしくて価値があるものなら買ってもらえる。表社長は低価格化には失敗したものの、駅弁革命の成功に向けて、進むべき方向性を見極めつつあった。

●有機の食材ってどんなものだろう？

「和洋中の競演駅弁」で横山が手がけた「吹き寄せ弁当　冨有の華」の評判は上々で、2000年12月のNRE売店（東京圏の主要4駅）の駅弁売れ筋ランキングではベスト10に入った。しかし、横山には早くも次のミッションが課せられていた。それは、有機栽培の食材にこだわった駅弁を開発することだった。

有機食品とは、農薬や化学肥料などに頼らず、また遺伝子組み換え技術を使わずに生産された農産物や畜産物、その加工食品のこと。今でこそ「有機」を売り物にした食品は珍しくないが、横山が有機の駅弁に取り組み始めた2001年1月ころにはまだ広く認知されていたとは言い難い。ただ、有機をめぐって大きな変化のあった時期ではあった。2000年6月の改正JAS法の施行で有機食品の検査認証制度が始まり、翌2001年4月には有機食品の表示規制制度が始まっている。農林水産省が定めた有機JAS規格を満たしたうえで指定の登録認定機関による審査を受け、格付の表示（有機ＪＡＳマーク）を付された食品だけが、「有機」「オーガニック（有機栽培）」と表示できるという制度だ。

そうした動きにあわせるかのように浮上した有機食材の駅弁の開発は、タイムリーな企画だったといえる。その企画が誕生した背景には、ＮＲＥとしての戦略があったという。健康志向「フレッシュ＆ヘルシー」を掲げて有機栽培プロジェクトをスタートさせ、１９９９年に茨城県友部町（現・笠間市）に有機栽培農園を開設。２０００年には秋田県の４軒の農家と契約し、有機米の生産の依頼を開始していた。そうした親会社の意図はさておいて、有機食材の駅弁を開発するという新たな課題に対し、料理人である横山は新鮮な興味を感じていた。

「自分の場合、『有機って何だろう？』というところから入りました。調べているうちに、農薬などは極力使わず、自然そのものの力で育てる作物のことだとわかったんですが、一体どんなものなのだろう？　と素朴な疑問が出てきた。私自身、農家の生まれで、実家には化学肥料や化学薬品、殺虫剤とかがたくさんあって、それを使わないと、虫に全部食われてしまうので稲が育たない。そういうことを小さいころから見て知っていますから、農薬を使わずにどうやって作物を育てるんだろうと、興味が湧いてきたんです」

横山は最初のとっかかりとして実家の兄に聞いてみたところ、こう教えてくれた。

「有機農法をやっている人はいるにはいるけど、かなりの少数派。なぜなら作物が収穫できないから。たとえば、お米の場合なら1反歩《たんぶ》（約1000平方メートル）で10俵の米が穫れるところが、有機だと3俵くらいしか穫れない。また、自分の田んぼが有機農法でも隣の田んぼが化学肥料を使っていれば、その化学肥料が自分の田んぼに入ってくることがある。だから有機農法というのは、難しいものなんだよ」

そう聞いて、なおさら有機とはどんなものなのか、好奇心がそそられていく。そうした個人的な興味とともに、「有機の食材を使う」という明確なコンセプトがあった駅弁開発だけに、「面白そうだなと、ハマってしまいました」と、横山は言う。

有機の駅弁を作るにあたって難関となったのは、有機の食材をどう確保するか、ということだった。横山の兄も語っていたように、有機農法を実践する農家はきわめて少なく、はたして駅弁に使える食材を手に入れることができるものかどうか。しかも、最低でもワンシーズン、3〜4カ月は安定供給が望める生産量でなければならない。ちなみに農水省の統計をひもとくと、2001年度に登録認定機関により「有機」の認定を受けた事業者の国内の格付数量は、米で7777トン、総生産量のなかで占める割合では0・09パーセント。有機の野菜の場合だと、1万9675トン、総生産量の0・11パーセント。参考までに2008年度の国内総生産量のなかの有機の割合は、米は0・13パーセント、野菜は0・22パーセントとなっている。2001年よりも増えているとはいえ、いまだに総生産量の1パーセントにも満たない数値である。

幸いにも有機米に関しては、早々と調達のメドが立っていた。前述の秋田県の契約栽培農家で穫れる米を有機認証米として使うことができるという。そうして横山は生まれて初めて、有機米と出会うことになる。

●有機米に合わせた炊き方を研究し「冷めてもおいしいご飯」を追求

炊き立ての有機米のご飯を初めて食べたときの横山の感想はこうだ。

「素直にいうと、そんなに感激するほどのうまさではなかったんです。でも、土壌の栄養だけで育った素朴な味がして、炊き方しだいでもっとおいしくなるんじゃないかと」

その直感は、十数時間後、冷ました状態で食べてみたときに確信へと変わる。

「味が落ちることもなく、お米本来の香りも残っている。力強くて耐久性があるという表現になるんでしょうか。炊いたあとで劣化しにくいし、冷めてもおいしい。これは駅弁にも向く米だなと実感しました」

なにしろ、貴重な有機米である。そのよさをしっかりと引き出し「冷めてもおいしいご飯」にするべく、横山は有機米にマッチする炊き方の研究を始めた。米を水に浸しておく時間（浸漬時間）、浸漬水の温度、炊くときの水の量や火加減など、持ち前の探究心と粘り強さで、製造現場の炊飯担当者とともに試行錯誤を重ねていった。特に重要なのは浸漬時間だという。「浸漬」によって米にどのくらい水を吸い込ませるかで、冷めたときの食味がまるで違ってくるからだ。

有機米に限らず、同様な試行錯誤は慣行米（通常通り栽培された一般米）についても続けていた。それというのも、ご飯の味の向上は、表社長からの至上命令でもあったのだ。表社長は就任早々、食味計という近赤外線分析機器を導入していた。これは、炊いたご飯の味を科学的に測定し、客観的な数値で表すというもので、一般的に人がおいしいと思う味の平均点を50点とすると、デパ地下やコンビニの弁当は平均して60点だった。ところが、NRE調理センターから出荷された駅弁は平均して50点前後というグレーゾーンの数値で、外食産業他社より劣っていることがデータで実証されてしまったのである。これは大変な事態である。「ナンバーワンのおいしさを目指すなら少なくとも慣行米で75点、有機米は80点を」との表社長のかけ声のもと、横山らは米の炊き方の改善をはかり、目標値へと近づけていった。

研究の甲斐あって、米の食味は目標値を超えるところまで到達することができた。とりわけ有機米は自信があった。このご飯は、その後、秋田県産有機認証米「あきたこまち」として「季節

これがご飯を炊くマシン。下段に米をセットして、ベルトコンベアにのせると、コンベアで移動中に炊き上がる

の吹き寄せ弁当」「大人の休日弁当」「東京弁当」といった主力商品にも用いられるようになった。

「弁当はやはりご飯が主役。ご飯がおいしくなったことが駅弁革命にはずみをつけた原動力になったと思います。今ではご飯についてのクレームは皆無に近いです」と、横山は話す。

有機食材の駅弁の話題からは大きくそれてしまうのだが、ここで時間軸を現在に移し、「冷めてもおいしいご飯」はいかにして作られているかを記述していきたい。

NRE調理センターは、2003年6月に（株）日本ばし大増と合併し、現在は（株）NRE大増となっているわけだが、同社の主な駅弁商品の炊飯を行なっているのは第1工場（地下2階、地上

ご飯が炊き上がった瞬間。もうもうと湯気が立ち昇るなか、ご飯を手早く保管容器に移していく

3階）である。ここでは駅弁の数にして約2万個分のご飯を炊いている。米の数量にして1日あたり平均して2トン強と大量になるので、ベルトコンベア化された炊飯ラインで炊く。ちなみにこの第1工場は荒川区西尾久にあり、NRE調理センター時代には本社工場と呼ばれていた。第1章でも記述しているように徹底した衛生管理体制を敷き、2002年6月には国際規格ISO9001：2000認証を取得している。

現在、炊飯ラインは出荷の便に合わせて朝、昼、晩の1日3回稼働している。炊き方は慣行米と有機米とで異なっているが、ライン上での工程は基本的には変わりがないという。計量、浸漬（米は無洗米を使用）から加熱、蒸らし。その後、炊飯釜から炊き立てのご飯が反転しながら出てきて、自動的に攪拌される。ここまで約1時間かけての炊飯である。

「当社は工場のスペースの関係もあって、平場で流れるラインになっていません。上下に動いたりして、メリーゴーラウンドみたいな感じなんですけど」と、愉快そうに話す横山だが、炊飯ラインの機械に頼るのではなく、「目視」による確認も重要という。

「炊飯釜の数にして日に350釜ものご飯を炊きますから、100パーセントOKというわけではないんです。ごくまれにですが、ひと釜、ふた釜くらい失敗することもあります。そういう商品として出荷できないものを見極めることが大切なので、炊飯専門の担当者が頑張っています。炊き上がったときの状態をみて、粘り気がいつもより多いんじゃないかとか、炊飯釜の底に通常より多くのご飯がついているとか……。原因を探ってみたら、炊飯釜のふたが変形して曲がってしまっていたり。水加減を調整するセンサーが微妙に狂っていたりする場合もあります。ひとたび不具合があると、機器をひとつひとつチェックすることになるので次の炊飯ラインを流す時間にも影響が出てしまうんですが、お客様に食べていただくものですから万全の注意をしていかなければ」

さて、自動的に攪拌されたご飯は、バット（浅い箱型の容器）に詰められ、すぐさま真空冷却機にかけて急速に温度を下げる。そのままベタ盛り（弁当箱のご飯のスペースに平坦に盛る、一般的な盛り付け）する場合の温度帯は20～25度としている。真空冷却によって素早く温度を下げ、なおかつ菌の繁殖を抑えることができるのだが、こんな効用もあるという。

「急速に温度を下げることで、色の劣化も防げるのかなと。炊き上がったご飯を自然に冷ますと、色がくすんでしまったり、黄色っぽくなるといったこともあると思います」

冷却されたご飯はライスボックスに詰めて、温度は20度、湿度60パーセント以上に保たれたご飯専用の食材庫で保管する。そうして出荷時刻に合わせてご飯やおかずを弁当箱に盛り付ける（調製）。

ご飯がおいしそうに見える盛り付け方はあるのか？

「弁当箱にぎっしり、すきまなく盛り付けるのが基本です。そうしないと、お客様からお叱りを受けます。ご飯が寄っているんじゃないかとか、少ないんじゃないかというイメージを持たれてしまいます。ですので、まず、四隅から詰めていって、最後にふわっと真ん中に盛り付ける。真ん中がほんわり膨らんでいれば、ボリューム感も出ます。逆に真ん中から盛ってしまうと、どうしても端のほうが貧弱になってしまうのでいけません」

詰めるご飯の分量は、駅弁の種類によって、130グラム、150グラム、160グラム、200グラム、250グラムなどという具合に微妙に変えている。これはターゲットとする客層に応じて設定しているもので、たとえば女性が主なターゲットの「季節の吹き寄せ弁当」は150グラム。

「お茶碗1杯ちょっとぐらいの分量です。その分、おかずの種類を多くしていますから、いろいろなものを少量多品種で楽しんでいただこうという趣旨です。『吹き寄せ弁当』は無理なく全部食べていただきたいので。ただ、『吹き寄せ』の場合は、ご飯としてというより、料理として考えていますので、季節の炊き込みご飯や味付けご飯にしています」

有機米以外の慣行米は、どんな米を使っているのか。上越新幹線本庄早稲田駅（埼玉県）の駅弁として開発された「本庄早稲田駅発～古代豚弁当」では、埼玉県産「彩のかがやき」を使用しているが、これは特殊なケース。多くの場合、特定の銘柄を単体で使うのではなく、何種類かをブレンドして使っているという。

使う米の種類はほぼ固定しているというが、その年その年で米の状態が異なっているため、毎年、必ず試食をしたうえで使う米やブレンドの方法を決める。試食の時期は秋の新米の時期を過ぎて、米の状態が落ち着いてきた年明けごろで、米を5～6種類、そして配合率を変えてブレンドしたものも数種類。これらを同じ条件で炊いて、ひと晩おいて冷ましたのち、横山をはじめ、NRE大増の幹部、NREの関係者数名で試食をする。

「ひと口大のおにぎりにして試食するんですが、人数が多い場合は意見が分かれてなかなか決まらない（笑）。出身地も違うし、好みも違う。みなさん、こだわりがあるから。試食の際のポイントは粘り気でしょうか。ご飯というとやはり、炊き立てのふわっとした粘り気のあるご飯のイメージが強い。冷めたご飯で、その炊き立てのイメージに一番近い米を選ぶよう心がけています」

よい米を選び、適した炊き方をするためにも、米を納入してくれる取引先とのコミュニケーションも大切にしている。

「その産地の天候や日照時間の具合であるとか、今年の米はやや水っぽいとか、炊き方のアドバイスなど、お米屋さんから教えていただいています。いろいろ勉強していくと、面白くて、興味は尽きません」

●有機野菜の農園を訪ねて感動

さて、有機食材の駅弁開発当時の２００１年に話を戻す。

２００１年春、横山はＮＲＥのネットワークから情報を得て、千葉県富里《とみさと》の有機栽培農家を訪れていた。

「感動するくらい、きれいな畑でした。自分が子どものころに見ていた畑ではなくて、地平線の向こうに広がっていくような畑。ネギとか落花生、ゴボウとか、野菜の葉の緑が続いていました。農家の方にお話を聞くとずいぶん苦労されたようで、ここまでの畑にするまで何十年もかかったということです」

横山は農家の人にねぎらいの言葉をかけながらも、いつどんな野菜がどれだけ穫れるのか、こと細かに質問を投げかけていた。

「ニンジンは1年に2回、春から秋にかけてと、冬にかけての時期に作るのなら、通年使えるだろう。ゴボウは年に1回しかできないけど、土をかぶせて保存すれば冬を越せるというなら、大丈夫かもしれないな……」

広大な畑を案内してもらいながら、実際に使える野菜を割り出していた。実はそれ以前から、横山は日常的に手に入る野菜を使って試作品作りに着手していたのだが、有機の食材が本当に手に入るものかどうか、不安を感じていたのだった。

横山の不安は、ひとことでいうならば、安定供給という問題である。なにしろ駅弁を製造し、出荷するのは首都東京圏という巨大なマーケットである。有機はもちろん、国産と謳える食材を使って、毎日数百個、数千個の駅弁を作るには、それが可能となる「量」を確実に入手できるどうかが、重要な鍵となる。これは、2010年現在も、横山ら商品開発担当者や仕入れ担当者が避けては通れない問題となっているのだが……。

畑を見て回る途中、「うちのは安心ですから、洗ってそのまま食べられます」と差し出されたのは、穫れたてのゴボウ。

「歯がかけるかと思いました（笑）。生のゴボウをかじるなんて、生まれて初めてだから。見た目は普通のゴボウと変わらないけど、味は濃いという印象。泥臭いというか、えぐみが強いというか。色がきれいだなと思ったのはピーマン。みずみずしくて香りがよくて。でも、ピーマンは当社の駅弁では使いづらいんです。土壌菌とかの関係で衛生検査に通りにくい。使う場合、衛生検査に通すために長時間加熱することになると、色も香りもとんでしまって、ピーマンらしくなくなってしまう」

そうなのだ、衛生検査という壁もあったのだ。

富里の有機栽培農家で、ある程度の目星はついたものの、それだけではまだ足りない。最終的には「有機でなくても国産であれば」と、条件を変更。NREのつてや、横山が料亭の仕事でつながりのある取引先から情報を集め、ほかの食材を決めていった。

そうして食材が決まったのは5月。発売予定の7月まで約2カ月という短期間でメニュー内容や調理の吟味を重ね、無事、発売にこぎつけた。「幸福べんとう」1300円である。

●手焼きの玉子焼きと、衛生検査とのせめぎあい

「幸福べんとう」は、八角形の素朴な竹籠の容器を使い、ご飯に野菜の煮物、焼き魚、玉子焼き、揚げ物などを詰め合わせたもの。ご飯は食べやすさを考慮し、小さな俵型にして5個並べている。すべての食材が有機または国産とはならなかったが、原産国や市場に出回るまでの素性がはっきりしているものにこだわった。食品添加物の使用は極力抑え、商品に添えられたお品書きで「自然の素材の美味しさ」をアピールするとともに、当時の駅弁としては珍しい試みだったという産地表示まで行なった。

「最初の『幸福べんとう』では煮物に有機野菜を3種ほど使いました。ニンジン、ゴボウ、里芋だったと記憶しています。有機の野菜は繊維が強く、ある程度、加熱時間を長くしても煮崩れを起こす心配がなかったので、衛生検査も通りやすかった。ただ、普通の野菜と同じ時間炊いていたんでは硬さが残るし、軟らかくなるまで長時間炊いてしまうと独特のえぐみとか、香りが消えてしまう。最終的には想定通りのしっとりめの味に仕上がる範囲で、野菜を薄く切ることで乗り切りました」

「幸福べんとう」。マイナーチェンジを重ね、これは2009年秋のもの

思わぬ苦労を強いられたのは、厚焼き玉子だった。使う卵は、千葉県袖ヶ浦《そでがうら》の農園で放し飼いで育った鶏が産み落とした滋養卵《じようらん》。卵自体が甘いので、砂糖の分量を減らすなどして素材の持ち味を活かすようなレシピを横山が作成した。そして、そのレシピで取引先に発注して調理を依頼したのだが、衛生検査不合格が2度、3度と続く。玉子焼きは思い切り火を通すわけにはいかないし、だからといって焦げてしまえば売り物にならない。しかもこの「幸福べんとう」では高価な滋養卵を使うので、こだわったのは手焼きで焼くこと。

「玉子焼き屋さんに焼いてもらってからうちのほうで真空パックにして蒸し器に入れたり、湯煎にかけたりして再加熱してみたんです。そうしたら衛生検査は通りました。でも、食べてみたらまずい。パサパサになって、玉子焼き風味のかまぼこみたいな状態になってしまって。じゃあ当社でやれるのかというと、玉子焼きチームを作るだけの余裕はなかった」

横山は衛生試験室に「どうしたら検査に通るのか」とアドバイスを仰いだ。卵の鮮度を損ねない消毒法や、調理器具を消毒しやすいステンレス製に替えること、手洗いの徹底など、衛生管理の方法を教えてもらい、玉子焼き屋に伝えた。

「ご理解いただけました。でも、手焼きだと、職人さんがやっているので、使い慣れた木の箸でないと困ると……。『それでもどうしてもお願いします』と、頭を下げました。木の箸は劣化すると、木目のすきまから菌が入ってしまう可能性があるんです」

そうして、玉子焼きは何度目かの衛生検査で合格。このとき会得した手焼きの玉子焼きのノウハウは、のちの駅弁開発におおいに活かされることになる。

●国産にこだわり続けたい

有機と国産の食材にこだわった「幸福べんとう」だが、発売当初はそう売れたわけではなかったという。健康にこだわることが売り物の弁当だったが、薬事法の関係で「健康にいい」といったような表現を掛け紙などで謳うわけにはいかなかったし、特に目を引くようなインパクトのある食材が入っていたわけでもない。横山いわく「普通の幕の内みたいな駅弁なのに、なんで1300円もするの？　というのがお客様の素直な感想だったんじゃないでしょうか」

希少な有機、国産の食材を使うからこそ、1300円という価格設定にせざるを得なかったのだが、そういう作り手側の意図はなかなか一般消費者には伝わりにくいものである。だが「この駅弁は絶対にいける！」と予想していた人物がいた。表社長である。発売に先立ち、1日100個限定で3日間の駅弁イベントに出したところ、連日売り切れ。会期中、会場につめていた表社長は、3日間とも「幸福べんとう」を買っていった客が複数いることを知り、リピーターが望める駅弁になると確信していたのだ。

はたして「幸福べんとう」は、健康志向の高まりや、「有機」という言葉が浸透していくにつれ、売れ筋商品になっていく。当初、食材の有機野菜の仕入れの関係もあり、1日あたり200個製造からスタートしたのだが、右肩上がりで人気も上昇。しかし、人気が出てしまったがために、有機や国産野菜の供給が追いつかなくなってしまう事態に何度も直面することになる。そのつど、別の仕入れルートから手配し、レシピも再考した。そんななかで、魚は「人形町　魚久《うおきゅう》」の銀鱈粕漬けに、玉子焼きは「すし玉青木」による手作り玉子焼きに変更。2002年10月発売となった「東京弁当」に使用した縁だった。この変更が効を奏し、「幸福べんとう」は連休などの繁忙期には日に1800個を記録するまでになっていた。

なんというか、七転び八起きを地で行くような展開であるが、そんなことを繰り返していくなかで新たな問題が生じた。有機認証の野菜が、ついに確保が難しくなってしまったのだ。そうした結果、2010年2月現在の「幸福べんとう」には、「有機野菜」の表示はなくなってしまった。ちなみに、発売当初は表示していた「○○県××町」といった特定の産地表示も、現在は行なっていない。これも供給が追いつかなくなってしまったためだ。それでも一貫して貫いてきたのは「できるだけ国産にこだわる」というポリシーだ。社内の仕入れ担当者とも連携し、契約農家やJAとの情報交換をマメに行ない、その年の作付けと収穫高の見通しをつかむといった地道な業務の積み重ねなくしては、貫けないものでもある。

今、ふり返ってみて横山は言う。「このご時世、正直、1300円のままでいいのかと思うこともあります。でも、食材の質だけは落とすわけにはいかない」と。この商品にリピーターが多いことも横山を奮い立たせているようだ。

「野菜の煮物が甘すぎるとか、魚がおいしくなったとか、メールやお電話でいろいろなご意見を頂戴するんですが、『前と比べて』という表現が多い。それだけ、リピートしてくださっているのかなと思います。お客様のご意見を取り入れて、メニューにデザートを加えたり、煮物の味を変えてみたりしています」

購買客の中心は40代、50代の男女というが、20代の女性も増えている。

「うれしかったのは、お礼のお手紙をいただいたこと。実家のお母さんの好物なので、帰省のときは必ずおみやげに買って帰るという内容でした」

2009年の母の日、父の日に掛け紙を特別仕様にしたところ、好評だったという。

第3章

転機

2000円台のプロデュース弁当に挑戦～大人の休日弁当

●藤村俊二さんから刺激を受けた

健康志向の駅弁「幸福べんとう」開発と並行し、横山はもうひとつの新作駅弁に取り組んでいた。「幸福べんとう」発売から3カ月後の2001年10月に登場した「大人の休日弁当」（当時2200円）である。ＪＲ東日本が60歳以上（現在はジパング会員男性65歳以上・女性60歳以上、ミドル会員50歳以上）をターゲットにした「大人の休日倶楽部」をスタートさせることになり、それに連動した駅弁の開発依頼が舞い込んだのだ。会員を対象とした旅行商品のプロモーションにのって売り出されたものだったが、手探り状態にあったＮＲＥ調理センターの駅弁革命計画に活気と成果をもたらした記念すべき弁当となった。もちろん、横山個人にとっても、である。

「私にとって駅弁は新しい世界でしたが、喧々囂々《けんけんごうごう》しながらやってきて、『吹き寄せ』とか『幸福』ができてひと安心していたころでした。そういう時期の仕事だったので、駅弁を作る面白みを教えてくれた弁当だったのかな。正直、売れるとか売れないとかはあまり考えなかった。新しいものを作ることがとにかく楽しいと思っていました」と、横山は言う。業種を問わず、ものを作ることを業としている者がそういう幸せな時間を送れたということは、なかなかすごいことである。

それは、この「大人の休日弁当」に監修者として関わった俳優・藤村俊二の力によるところが大きい。１９３４年生まれの藤村はテレビ、映画、舞台など芸能界での活躍にとどまらず、料理やワインなど食に関する豊富な知識を活かし、東京・南青山でワイン＆バーのオーナーとなっていることでも知られている。そんな悠々とした趣味人ぶりがＪＲ東日本側の目にとまって「大人の休日」の初代イメージキャラクターに抜擢され、その流れで駅弁でも監修者を務めることになったのだ。有名人、文化人が監修する、いわゆる「プロデュース駅弁」は、今でこそ珍しくはないだろうが、当時はまだまだ目新しい存在だった。

「大人の休日弁当は、藤村さんのこだわりが詰まった駅弁でした」と横山が語っているように、弁当箱や食材、献立、料理のネーミングにいたるまで、藤村と綿密に打ち合わせを重ねながら作り上げていった。そうして出来上がった弁当は、横山の言葉を借りると、「これまでの駅弁の概念から一歩はみ出したような斬新な弁当」となる。確かに一見すると日本料理店のメニューにある弁当料理のようなしゃれた趣である。

まず、見た目が駅弁らしくない。購入すると、季節の色合いの風呂敷に包まれて提供されるスタイルだ。そして、弁当箱は発泡材や紙ではなく、秋田杉を使った特注品。２段重ねのお重だが、カラになったら外箱に内箱を入れてコンパクトに収納できる入れ子式の二重箱になっているので、持ち帰りやすい。

「すべて藤村さんからのご提案でした。『こういう秋田杉の箱を使ってみてはどうでしょう?』と。杉なら殺菌力もあって安心だし、見た目も面白いと思いましたが、今まで使ったことがなかったのでコスト面の不安がありました。調べてみたら1個800円とかする。かといって、まがいものに走るわけにはいかない。とりあえず、できるだけ安く作ってくれる業者さんを探すことから始めて、なんとか見つかったんですが、特殊なものだったので、箱の試作品完成まで、1カ月ほどかかってしまいました」

入れ子式の二重箱の中の料理も藤村からの提案によって構成されている。小さい重箱は国産有機認証米のご飯、大きい箱には少量ずつ15品ほどの料理がきれいに盛り込まれている。ふたをあけると、ふたの裏側に突起が付いていて、それが箸置きになっている。そこに置かれる箸は宮内庁御用達の「箸勝本店」の国産檜の六角箸(特製)。60代以上という、人生経験が豊富で、ある程度のこだわりを持つ人たちが購入することを想定した、高級感のある弁当になった。

「藤村さんはとにかくもの知りで、全国各地のおいしいものの情報にも詳しい方です。どこそこのこれがおいしいとか、すぐに出てくる。打ち合わせのたびに『こういうものがあるから、ぜひ探してみてください』と、宿題をいただいていました。でも、キャビアとかフォアグラとか、無理難題をおっしゃるわけではない。世の中にあまり知られていないかもしれないけど本物、そういうものをご存知でした。『大人の休日』は、『吹き寄せ』と同じく、季節でメニューを変える弁当ですが、季節の食材を使った料理を中心に、藤村さんの『こういうものを』というご意見をベースに料理を作りました。弁当に添えたお品書きも藤村さんに書いていただきました。いってみれば、藤村さんの感性で作ったお弁当です」

料理やネーミングについても藤村の自由で柔軟な発想に刺激を受けた。

「この野菜でこんなふうに調理してみてはいかがでしょう?」

「夏だからニンジンをヒマワリに見立ててみたらいかがでしょう?」

「アロエの酢の物という言い方では面白くないので、『つるつるアロエ』という名前にしてみたらいかがでしょう?」

藤村から繰り出されるアイデア、アドバイスは「駅弁だからこうしなければ」ではなく、「旅の楽しみになるおいしいものを」だった。それに応えるべく、横山は試作品作りに励み、「駅弁でここまでできるんだ」と、これまでにない手応えを感じた。

そのころの「大人の休日弁当」の献立を見てみると、オリジナリティの高い料理が並ぶ。たとえばイカ射込み煮。多くの場合は輪切りにしたイカの胴体にイカゲソを詰めた煮物のことを指すが、ここではイカゲソの代わりにウズラの卵を入れて甘辛く煮付けた。また、海老の煮物はダシを使うことが多いが、あえて3種類の味噌を使って仕上げた。ほかにも、イチジクの天ぷら、米を衣にした鶏ササミの天ぷら、金目鯛の白醤油焼き、白滝でゴボウを結わえた煮物などなど。まさに創作料理であり、しゃれた和食料理の店ならばともかく、駅弁でこうした料理が並ぶのは前代未聞だったといっていい。

「いかにして魅力的な駅弁に仕上げるか、その魅力をいかにしてお客様にアピールするか。そういった表現力、訴求力。藤村さんから学ばせていただきました」

俳優という、光のあたる場で活動する藤村俊二の感性は、料理人という、どちらかといえば裏方である職業の横山にとって、新しい発見に満ちた経験だったようだ。

「藤村さんとの出会いで、自分に足りなかった遊び心みたいなものが身についたような気がします。料理の盛り付けも、ただきれいなだけではなく、プラスアルファで何かを表現してお客様の目を引くような工夫をするようになりました。この経験から、そのあとの『吹き寄せ』では、ニンジンの飾り切りを、夏ならカニ、春なら蝶々の形にしたり。藤村さんとご一緒させていただいたのは約3年ですけど、いい勉強になりました」

●デフレの時期に「2200円」の弁当

この「大人の休日弁当」は2200円で発売されたが（現在2000円）、当時NRE調理センターで製造していた駅弁のなかでは最も高額で、さらにいえば、同社初の2000円台突入の駅弁だった。

「JRさんの旅行商品とタイアップした駅弁ですので、比較的お買い求めやすい価格にして、どんどん売っていく方法もあったでしょう。でも、藤村さんという素晴らしい監修者のご協力を得て、こだわりの駅弁にするのなら価格を下げるといっても限界がある。それこれ考え合わせると、2000円くらいが妥当な線なのかなと思いました」

しかし、従来にない高価格の商品を出すのだから、すんなりと決まるわけはない。JR東日本側からの猛反対にあう。

「こんな高い弁当が売れるわけはない」

おりしも当時の経済状況は日本列島総不況といわれるデフレの時期で、牛丼が400円から280円に、ハンバーガーが130円から65円に、という具合に世の中が値下げに走っていたところ。そんな動きに逆行するかのような高価格駅弁を企画するなど問題外、という厳しい評価が下された。また、おいしいものを少しずついろいろ楽しむという少量多品種のメニューもやり玉に挙げられ、試作品を食した男性の担当者からは、「弁当なのに量が少ない。これを2000円で売るのはムチャ」と酷評されてしまった。横山にしてみれば、購買層として狙っているのは60代以上の層なので、「ボリュームは抑えめでいけるはず」との読みがあったのだが、試食をしたのが30代、40代の働き盛りの男性である。彼らにしてみれば量的な物足りなさが際立って感じられたのかもしれない。

NREとNRE調理センターの社内でも、2000円という価格設定を危惧する意見は大きかった。それは、採算ベースにのるのかどうかという、根幹的な問題である。駅弁革命が始動し、横山が開発した「吹き寄せ」が好調な出足をみせていたとはいえ、NRE調理センターの2000年の売上げは横ばい状態。親会社にあたるJR東日本からの開発依頼という事情があったにせよ、あまり利益が出ないような駅弁を発売するには当然それなりのリスクは覚悟しなければならない。それでも大丈夫なのか？　そういった不安視する声に対し、横山はこう説得をし、受け入れてもらった。

「当社の駅弁を広くお客様に知ってもらうには、テレビCMや雑誌などで宣伝活動が必要になってくるが、それには莫大な広告費がかかる。そう考えたとき、『大人の休日弁当』は藤村さんのキャラクターにのらせていただけるので、話題性が期待できる。商品の魅力をアピールしながら宣伝効果が得られるような駅弁であるならば、利益がほとんど出なくてもいいのではないか」

ＪＲ東日本側に対しても、表社長が「２０００円の駅弁でも、この出来栄えなら確実なニーズが望める」と、粘り強く説得を続け、了解をとりつけた。

そうして最終的には販売価格は「２２００円」になるのだが、「この駅弁は一人で食べるものではなく、どちらかというとシルバー世代のご夫婦がゆったり旅行をしながら味わうもの。ならば、夫婦で『2、2』、２２００円でどうですか？」との横山の提案が採用されて、決定にいたったのだという。

●「旅の思い出」になる駅弁ができた

こうして発売となった「大人の休日弁当」。「高額かもしれないが、１日50個ぐらいなら売れるだろう」と表社長は予測を立てていたというが、それを上回る売行きとなった。発売して１カ月過ぎないうちに１日３００個売れる商品になったのだ。２２００円と気軽に買える金額ではないが、狙い通り、時間とお金に比較的余裕があるシルバー層が購入してくれた。

「大人の休日弁当」を人気商品に押し上げた要因は、購入者による「口コミ効果」と、当時の表社長は分析している。「大人の休日弁当」の「これまでにはない独自性」が舌の肥えた人々に受け、「あのお弁当、おいしいのよ」と友人にどんどんすすめてくれたというのだ。

また、JR東日本が電車の車内吊りなどで旅行商品のプロモーションとして広告を出したり、藤村俊二が自身の出演番組のなかで「大人の休日弁当」を紹介してくれたことも大きいだろう。多くの駅弁の場合、新しい商品が出るからといって、大々的に宣伝活動をすることはそうそうあることではないので、その点、「大人の休日弁当」は恵まれていたといえる。

しかし、「大人の休日弁当」の場合、予想を上回ったのは販売個数だけではなかった。購入した客からたくさんの手紙が届いたというのだ。

「おいしいし、食べて楽しい！」

「お弁当箱は持ち帰って、小物入れに使っています」

「とても感動しました」

「旅行のいい思い出になりました」

手紙には、ただ「おいしい」というだけではなく、その駅弁に出会えたこと、味わえたことの喜びも綴られていた。

「うれしかったです。作り甲斐を感じました。人の思い出に残るような駅弁を作ることって楽しい、と思うようになりました」

当時の横山は東京弥生会館の料亭の仕事が中心で、駅弁は社命による仕事という状況に変わりはなかったのだが、横山のなかで駅弁に対する思いは明らかに変わり始めていた。

●「製造」と「販売」が一体になった

「大人の休日弁当」は売れ続け、1日あたり最大で700個売れるヒット商品になった。販売店によっては、早々と売り切れてしまうことも珍しくない。そうなると、「そんなに人気があるならぜひとも食べてみたい」と思うのが買う側の心理である。あらかじめ予約をして購入する客も増えてきた。そうした人気ぶりをマスコミもかぎつけ、取材の依頼が増加。テレビ、雑誌、新聞にもたびたび紹介されるようになれば、それが宣伝につながり、さらに販売増につながっていった。

こんな買い方をする客も現れた。東京駅から旅行に出かけるときに買おうとしたのが売り切れてしまっていた。でも、あきらめきれず、「どうしても食べたい」と予約をした。その客は、旅行を終えて東京駅に戻ってきたときに販売店に立ち寄り、予約した「大人の休日弁当」を手に入れて帰途に就いたというのだ。

もっとも、販売する側でも入荷したものは100パーセント売り切れにするような配慮をしていたという。このように書くと、買いにくる客のことを考えていないのか、といったような話にも読めてしまうかもしれないが、そういうことではない。

「この『大人の休日弁当』は、特注の弁当箱といい、料理といい、こだわりぬいて作っています。そのあたりを販売の方が汲み取ってくださって、たとえ1個であっても売れ残ってしまって廃棄するのは心が痛いと。だから売れ残らないように発注数をギリギリの個数に絞ったり、お客様の目から見て目立ちやすい場所にある店舗で積極的に売るようにしたりと、販売の方が気をつかってくださったんです」

駅弁を製造する側と、駅弁を販売する側が一体となる。こうした「製販一体」の体制が浸透してきたのもこの時期だったという。

「それまでは作る人は作るだけ、売る人は売るだけ、でした。それが『大人の休日弁当』が売れて、お客様からの反響もこれまでになく大きかった。駅弁革命ってこういうことなのか、と、私たち作り手側も、NREの販売側も考え方が変わってきたように思います。製販一体となって、よい駅弁を作って売るために密に意見を交換し、必要な情報を共有する。『こういうものを作ったら売れるんじゃないか』という、販売店の現場で働く人の意見を取り入れて作る。そういうシステムが整ってきたのは『大人の休日弁当』がきっかけでした」

製造現場でも大きな変化が起きていた。ある日、横山は工場で働く女性従業員のこんな会話を耳にする。

「今日、テレビで紹介されていたよね？」

「見た、見た！」

「あれ、私たちが作っているお弁当なんだよね！」

笑顔で話す女性従業員たちに接し、横山はこれまでの苦労が報われたと思った。「大人の休日弁当」の立ち上げのころは、「こんなに難しい弁当、作れません」という声があいかわらず出ていたのだが、マスコミでの露出が増えるにつれ、製造現場で働く従業員の気持ちが変わっていったのだろう。マスコミなどで紹介されるということは、自分たちが作ったものが一般に広く認知されることになるわけで、作る喜びや仕事のやりがいを感じることができるようになったのだから。

そのころから、ちょっと手間のかかる新作駅弁でも「今度はどんなのをやるの？」と、製造現場の従業員も楽しみにしてくれるようになったようだ。それどころか、ベテラン従業員のなかには「昔は、この野菜でこういう料理を作っていたのよ」といった昔話をしてくれる者もいたりで、横山のその後の駅弁開発に役立つようなヒントが得られたこともあったという。

駅弁革命の波はいい方向へと、流れ出していた。

●「安心・安全」と「美味・彩り」のはざまで

従業員たちの士気があがり、活気づく製造現場ではあったが、「大人の休日弁当」を工場の製造ラインという環境で仕上げるのは決してたやすいことではなかった。それをクリアした従業員たちを横山は今、感謝をこめて「素晴らしい人たち」と言う。

製造ラインでの作業で苦労したのは、少量多品種の維持と盛り付けだった。一品の分量を少なくするためには具材をカットをする作業が発生するし、それを15品ほどきれいに盛り付けるとなるとそれなりの手間がかかってくる。

「この弁当箱は縦が9センチくらい、横が21センチくらい。列車のテーブルに広げられるサイズにしたので、そう大きくありません。その弁当箱をコンベアに流して、みなさんで手分けして多くの品を盛り合わせていくのですから、作業は大変です。紙の箱ではなくて木の箱だから手とかで押し広げることはできないし、かといって無理をして詰め込もうとすれば魚の身が割れたり、煮物が崩れたりしてしまう。『幕之内弁当』なら1時間で1000個流れるところを、3分の1程度しか流すことができません。作業効率が悪く、そのためにほかのお弁当の作業が遅れてしまったこともあったようです。工場の方に慣れていただくまでにご苦労をかけました」

献立には「イカ射込み煮」といった技術が要求される料理があるため、横山は「カシオペアチーム」を土台にして「大人の休日弁当」専属の仕込みチームを作った。「カシオペアチーム」とは寝台特急「カシオペア」「北斗星」の食堂車で出す和食メニューの下ごしらえをするチームで、そこに日本料理の板前経験者を加えて増員したという。

横山自身も四季折々のメニュー作りには苦労していた。「大人の休日弁当」は藤村俊二のアイデアを活かした独創性のある料理が売り物の駅弁なのだが、これまでも再三記述しているように「安心・安全を最優先する」というNREが掲げる大原則をクリアしなければならなかったからだ。横山にとって特に悩ましい問題だったのは、「合成着色料は極力使用しない」というルール。つまり、繊細かつ大胆な料理を考案しても、それを客にアピールするための「彩りの表現」に四苦八苦せざるを得なかったのだ。

レストランなど飲食店の場合ならば、客は注文してその場で料理を食べる。が、駅弁は製造した後、ある程度時間がたってから客が食べるものなので、時間の経過による料理の見た目の変化にも細心の注意を払う必要がある。そういった事情を考えると、合成着色料を使わずに彩りのよい料理に仕上げるということは簡単なことではなく、技術と工夫が求められるのだ。

「今でも悩みますよ、彩りの表現には。食材を選ぶ際には色合いも考え、その色を活かすような調理法を考えます」

だが、色彩の面で「使ってみたい」と思っても、ＮＲＥの衛生検査に通らなければ取り入れることができないケースも多々ある。それでも横山は地道な研究を重ねた結果、使えるようにした食材がいくつかある。その代表的なものは絹さや（サヤエンドウ）だ。絹さやはさやの表面に土壌菌などがついているため、青みや歯ごたえを残しながらきちんと殺菌するのは至難の業だった。

「でも、絹さやがあれば、料理に『緑』を添えることができます。なんとしても使いたくて、何度も衛生試験室に足を運んで相談にのっていただきました。いろいろ教えていただきましたよ。殺菌効果が得られる下処理の方法、加熱時間と火加減の微妙な設定。製造現場の人も交えて試行錯誤を重ね、使えるようになりました」

また、同じ食材でも、産地や種類によって衛生検査に通ったり、通らなかったりすることがあるというからひと筋縄ではいかない。

「産地が違うということは、その食材が育った土や気候など環境が異なっているということです。それによって、菌の種類や強さとかも違ってくる。海老とか魚介類もそうです。菌のことは顕微鏡の世界だから私にはよくわからないのですが、産地や種類が異なれば、調理時間や温度を含めて調理の方法も変えていくことになります。たとえば、カボチャなら皮の厚さや糖分も違ってくるから、それに合わせて調理法を変えていく。衛生検査に通るように考えながらも、食材の色や風味を活かしたいという気持ちはありますから」

職人らしいこだわりを語る横山である。ちなみに衛生検査は、商品が発売されてからも不意に予告なく行なう「ぬきとり検査」もあり、発売前はＯＫが出ていても、「ぬきとり検査」では通らないというケースも少なくないそうで、そのたびに作業工程を見直しているという。原因は食材だけにあるとは限らず、調理現場の状況になんらかの問題が発生していた場合もあるのだが、「安心・安全」を守ることは、それほどまでに徹底した品質管理が求められるということなのだ。

こうした駅弁作りの環境に置かれた横山は抵抗を感じるどころか、むしろ制約のなかでおいしい駅弁を作ることにも喜びを見出し、それをプラスのエネルギーに変えていった。

●「日本ばし大増」との合併がもたらしたもの

「大人の休日弁当」は２００４年７月、ＪＲ東日本と藤村俊二とのキャラクター契約が終了したことでいったん販売終了となるが、その後、大幅リニューアルを重ね、現在は、「懐石弁当　大人の休日」（２０００円）となっている。今にいたるまでの紆余曲折については、第７章でふれるとして、「大人の休日弁当」という高付加価値駅弁を作り続けていくうえで大きな意味をもつ出来事を語っておかなければならない。それはNRE調理センターと、（株）日本ばし大増との合併である。

日本ばし大増は、1900（明治33）年に東京・日本橋で創業。浅草で料亭を開いていた伝統を活かし、近年は折り詰め弁当・和惣菜のトップブランドとして名をはせ、東京圏の主要百貨店に約40店舗を構えるまでになっていた。ところが続々と登場してきた洋風惣菜などに押され、経営が苦しくなり、売却を検討するにいたったようだ。

一方、NRE調理センターは弁当製造会社として百貨店などへの展開を考えていたが、ブランド力不足もあって営業的に苦戦が続いていた。そうしたとき、日本ばし大増の株を保有する大手食品メーカーから営業譲渡の話があった。そして2003年6月、NRE調理センターが日本ばし大増を吸収合併し、株式会社NRE大増が誕生。初代社長には表輝幸が就任、横山もNRE大増の取締役料理長となった。

合併後の主な動きはこうだ。旧NRE調理センターの西尾久の工場（現在の第1工場）に加え、東京・上野に新たな工場を設けた。NRE上野フードセンターをリニューアルして旧日本ばし大増の従業員を受け入れ、百貨店向けの和惣菜や折り詰め弁当を製造する工場（上野工場）としたのである。したがって、上野工場は百貨店向け商品専門の製造工場としてスタートすることになったのだが、その現場統括責任者という重要な任務をまかせられたのは、誰あろう、横山だった。

東京弥生会館の料理長、駅弁の開発、さらに百貨店に出荷する「日本ばし大増」ブランドの商品を担当するという業務が加わり、横山の仕事のなかで「弁当」の占める比率が日に日に高くなっていった。ましてや、合併によって新たな仕事環境に身を置くことになった、旧日本ばし大増の従業員を率いる立場にもなったのだ。合併というものは企業風土の異なる会社同士が手を結ぶことであるが、2社の交じり合いがスムーズに消化されるまでには、それなりの時間がかかるものである。そうした時期に前線に立たされた横山には当時さまざまな苦労や葛藤があったと察するが、しかし、彼は多くは語らない。横山の口から出るのは、あくまでも料理人としての前向きな話である。

「自分には百貨店向け商品の経験がなかったものですから、最初は仕事を覚えることに没頭しました。日本ばし大増は、百貨店のイベント商品の需要があるんです。節分、ひな祭り、花見、端午の節句、母の日……。次々と、折り詰め弁当の開発の依頼がきました。しかも、4カ月前にはサンプルを出してください、とくるわけです。カタログやチラシの印刷の都合があるからなんでしょうけど、季節先取りの仕事は初めてだったから面くらいました。まだ夏なのに、おせち料理のことを考えなければならない。毎日2個、3個と試作品を作っていかないと間に合わない状態になって、『俺って、なんでこんなに弁当作りに追われているのかな～』って感じでした」

百貨店のバイヤーたちとの打ち合わせに臨む機会も増えた。横山にとってはこれもまた新しい経験だったが、「百貨店のバイヤーさんたちは他店を頻繁に視察したり、食の流行にも敏感です。勉強になりました」と、話す。

ちなみに、現在のNRE大増の駅弁の場合、開発を立ち上げてから商品発売までの期間は、長いものだと約1年、だいたい平均して4カ月くらいといったところだ。食材の安定確保や工場のオペレーションとの調整、衛生検査との兼ね合いもあり(百貨店向け商品も衛生検査は行なう)、完成形に近い試作品が出来上がるのは早くても発売1カ月前という。衛生検査の結果いかんによっては、食材やレシピの変更をすることになるので、発売直前まで試行錯誤が続くケースも珍しくない。それに比べると4カ月前に試作品を完成させる百貨店向け商品は横山にとって新しい経験であった。

さて、2003年6月の合併により、百貨店向け商品を手がけることになった横山だが、駅弁革命を進めるために、上野工場で力を傾けなければならない仕事があった。それは、日本ばし大増の和惣菜を駅弁にも対応できるよう、アレンジすることだった。なぜそうする必要があったのかというと、駅弁と、百貨店で売る惣菜は、販売するときの「温度帯」が異なっているからだ。

百貨店の食品売り場では、惣菜は温度帯が5～10度の冷蔵ケースで並べられる。一方、駅弁は常温で販売する。この違いによって、衛生検査の基準も変わってくる。具体的には常温販売の駅弁のほうが条件的には厳しいということ。つまり、日本ばし大増の和惣菜をそのまま駅弁に流用することは不可能だったのだ。

日本ばし大増の和惣菜は、「砂糖と醤油を主体にした江戸前の煮物」に代表される「甘じょっぱい味」に特色があり、中高年層を中心に固定ファンもいる。

「だから日本ばし大増のイメージをそこねないよう、いかにレシピを調整するか、に力を注ぎました。みりんや酒、それからアルコール系の発酵調味料などを使い、徐々に変えていきました。急激に味を変えてしまうと、お客様が離れてしまう可能性もあるでしょう。現場の人たちが新しい作り方に慣れるまでには時間も必要です」

味を変えたはずなのに、ときには以前のやり方そのままの分量の調味料が入っていて、味のチェックをしていた横山をあわてさせたこともあったが、そのつど修正を繰り返し、どうにか半年後くらいには新しいレシピによる製造が定着した。その後、世間一般に健康志向が強まったこともあり、横山が関西での修業で身につけていた薄味のレシピも取り入れるようになった。食材に薄く味をつけることで食材の色を出せて「彩りある料理」に仕上げられるというメリットも考え

素材ごとに煮炊きをする。大量生産でも手作りの技法を、という日本ばし大増の伝統だ

てのことだ。

レシピ自体は横山の工夫を加えてアレンジすることになったが、日本ばし大増の技術から多くを学んだという。

「まず、大量生産の料理なのに、一品一品を手作りで作るノウハウです。切るのも煮炊きするのもほとんどが手作業。場合によっては下茹でやアク抜きといった作業も必要になりますが、手間ひまをかけながらも大量に作る。これは素晴らしいと思いました。調理の方法では特に野菜の煮方です。煮炊き時間だけじゃなくて、冷却する時間をうまく使って味とか色つやをしみ渡らせる方法。僕自身、勉強になりました」

こうして上野工場では、日本ばし大増の技術を活かして徐々に駅弁も製造するようになった。そして2009年4月、上野工場は移転。現在、第2工場と名称を変え、NRE大増の第1工場のほど近くで「懐石弁当　大人の休日」をはじめ、「極附弁当」など、駅弁革命の象徴でもある商品を作り続けている。

第4章

力強い一歩

東京名物の駅弁を作りたい〜東京弁当

●東京らしい駅弁とは何だ？

横山はここまで「吹き寄せ」「幸福べんとう」「大人の休日弁当」と、新しいスタイルの駅弁を完成させてきた。それらが「これまでになかったコンセプトによる新しい駅弁」であることは間違いない。しかし「懐石や創作料理の技法を駅弁に盛り込む」「冷めてもおいしいご飯にこだわる」などといったことは、説明を受ければ理解できても、ひと目見て違いが明確にわかるというわけではない。そのコンセプトがダイレクトに伝わるとも限らない。このころの「吹き寄せ」や「幸福」の販売数は増加している。だが、こうした横山の力作も、幕の内弁当を豪華にしただけ、としかみない客も皆無ではなかった。もっと、よりダイレクトに、より明確に、オリジナルのコンセプトが伝わる駅弁が求められたのだ。

ちなみに、厳密にいうと、「吹き寄せ」や「幸福」は幕の内弁当ではない。

幕の内弁当は、江戸時代、歌舞伎などの芝居の幕間に食べられた弁当。食べやすいように一口大に木型で俵型に押し出したご飯と、煮しめ、玉子焼き、焼き魚など複数のおかずを組み合わせた弁当というのが一般的のようだ。ＮＲＥの場合、「幕之内弁当」「銀の鈴幕之内弁当」ともに、ご飯は俵型に型押ししてはいないが、玉子焼きとかまぼこ、焼き魚、野菜の煮物というおかずを盛り込み、四季を通じておかずに変更がない。

こうしたことからみれば、「吹き寄せ」も「幸福」も幕の内とは異なるジャンルの弁当だが、「さまざまなおかずが盛り込まれたお弁当」ということからすると、似てしまうことは否めない。

駅弁とは何だろう、東京の駅弁とは？　自問自答が続く。そんななかで漠然と思い当たったことは「東京名物、東京らしさがない」ということだった。

一般的にいって、駅弁には、「その土地らしさ」「地方性」が求められるものらしい。少なくとも全国各地の駅弁の多くは、その土地らしさをアピールしている。しかし、東京の駅弁には、それがあまり明確には見られないのも事実であった。このころの売れ筋の駅弁といえば、「幕之内弁当」「釜めし弁当」「鳥めし」「深川めし」などが中心。これらに「吹き寄せ」「幸福」「大人の休日」を加えてみても、このなかで東京らしさを明確にアピールしているといえば「深川めし」くらいだ。「だったら、東京らしい弁当を作りましょう」。当時の表社長のひとことで、話は決まった。

だが、横山は悩んだ。

「東京には名所はある。浅草、銀座、東京タワー……。でも銀座を駅弁にできるのか？　名所はあっても名物がないんです、駅弁ということで考えると。ちゃんこ鍋やドジョウの柳川、もんじゃ焼き、などは東京の郷土料理といえるのでしょうが、それをそのまま駅弁にというのは難しいですし」

たとえばブランド牛肉で有名な地域には、たいがい、牛肉の弁当がある。鯛が名産なら鯛めしや鯛の寿司。ほかにも鮭、マス、ホタテ、牡蠣、カニ、鮎、山菜やキノコなどなど、各地の駅弁にはその土地の名産を盛り込んだローカル色豊かなものが数多く見られる。しかし、この路線で東京の駅弁を新しく作ろうとするとこれは至難の業になる。これは東京の特殊性とでもいうべきだろうか。

「江戸前という言葉があって、アナゴとか、芝海老とか、キス、ハゼとかが江戸前の魚介類として知られています。でも、ハゼは『深川めし』で使っている。それに江戸前にこだわったアナゴやキスを、年間を通じて安定量を確保するのは現実的には厳しいものがある」

ほかにも、ドジョウ、そば、浅草海苔、小松菜、練馬大根など、さまざまな素材を考えたが、どれも横山のなかで完成形を考えることができなかった。

そんななかで、横山がふと感じた疑問。それは、地方の人が東京に来て食べたいものは何だろう、東京から帰るとき、おみやげに買っていくのは何だろうということだった。そこから、ひとつのアイデアが、漠然と生まれてきた。

たとえば「西のうどんに東のそば」といわれることがある。江戸っ子はそば好き、など。でも

「そば」を東京の味、と断定すると異論を唱える人がいるかもしれない。本場は信州でしょう、というように。しかし「神田　藪《やぶ》のそば」「赤坂　更科《さらしな》のそば」といえば東京の味として誰もが納得する。ここにヒントがありそうな気がした。ならば、東京みやげは？　地方から東京に来た人は、東京みやげとしてどんなものを、どこで買うのだろう。そう考えたとき、デパートの地下の食料品売り場で売っているものはたいがい東京みやげになる、そんなことを思いついたという。

「洋菓子とか、せんべいとか、それぞれを素材や単品でみたら、これこそ東京、とはいえないかもしれないのに、それが人気の東京みやげになっている。どうしてだろうって」

　たとえばデパ地下で東京名物として佃煮《つくだに》を売っている。佃煮そのものは、大阪が発祥という説もあるし、東京に限らず全国各地でも売っている。しかし「佃島天安《てんやす》の佃煮」とか「日本橋鮒佐《ふなさ》の佃煮」といえば、江戸時代から続く東京を代表する名品に昇華する。そばの場合と同様のことが佃煮でもいえるのだ。それは洋菓子などでも同様である。そして、東京にはこのような「老舗の味」を確立した名店がいくつもある。食材そのものでは東京名物とのアピールはしにくいが、地名や店名を特定すれば立派な東京名物になる。これを弁当に活かせないか。

　駅弁革命の新しい方向が見えてきた、そんな気がした。

●東京の名品を集めた東京名物の駅弁を作る

「なぜだかわからないんですが、自分のなかで東京の味、東京名物といったとき、まっ先に思い浮かんだのは『煮物はすき焼き』ということでした。あえて理由をあげるなら、文明開化の味というか、明治になっていち早く牛鍋の店ができたのが東京というか、そういったことになるかとは思いますが……。白状すると、10代で田舎から東京へ出てきて、生まれて初めて、東京で、すき焼きという料理を食べさせてもらって、こんなにおいしいのかと本当に感激して。肉を生卵につけて食べるという体験もそのときが初めてでした。そんなすべてがカルチャーショックというか。店の名も場所も覚えていないけれど、そのイメージが強いのかもしれません」

すき焼きということで横山の頭に思い浮かんだのは、浅草の名店「浅草今半《いまはん》」である。しかし具体的なプランやイメージを持っていたわけではない。むしろ、「あのすき焼きをそのまま弁当にはできないし、値段も折り合うかどうか」と否定的な思いだった。が、偶然足を運んだデパートの地下で、横山は思いもかけないものを発見する。それが、浅草今半の牛肉佃煮だった。

「デパ地下で浅草今半の牛肉が売られている。こうやって、おみやげに持ち帰れるのなら、お弁当にも詰められるだろう、と。すき焼きは考えていましたが、その牛肉が佃煮で存在する、とは思いもよらないこと。それが目の前に現れたんです」。横山にとってこれは、神の啓示にも等しいものであった。

迷わずギフト用の牛肉佃煮詰め合わせを購入。味見ということもあるが、横山の頭にあったのは、衛生検査だった。横山は買い求めた牛肉佃煮を、社内の衛生検査にかけた。結果は問題なし、であった。これならそのまま弁当に使える。心が躍った。

「イメージとして、お弁当のメインは玉子焼き、すき焼き、魚でした。そうなったとき、すき焼きは汁物だから弁当箱の中でかなりのスペースを占めてしまう。原価的にもすき焼きに大きくとられてしまうな、どうしようか、と考えていたときにこの牛肉佃煮を見つけて。これならカップ詰めでできるし、ほかの選択肢が広がる。頭の中でいろいろなパターンができてきました」

ならば、玉子焼きと魚をあたればいい。

「既存の有名店もあるし、あまり知られていないけれど老舗で名の通っている店もある。気持ちとしては、お客様が食べてみて『あっ、これ、おいしい』という反応があればいいな、と思っていました」

そうしてあたってみることにしたのは、玉子焼きが築地の「すし玉青木」、魚は「人形町魚久《うおきゅう》」だった。

「玉子焼きについては、正直、このお弁当に取りかかって探し始めるまで、青木さんのことは知らなかったんです。当時、今もですが、青木さんは百貨店にもあまり出していないと思います。デパ地下ではなかなかわからない店なんですね。でも、築地市場へ行っていろいろな人に話を聞くと、玉子焼きなら青木さんという声があちこちから聞こえてくる。実際に築地へ足を運んで店を訪ねると、小さな店でした。ご主人に話を聞くと、うちの玉子焼きは全国に発送している、万全を尽くしているから大丈夫、とおっしゃるんです。遠いところだと秋田にも連日配送しているって」

寿司店の玉子焼きは、その店で職人が焼いているとは限らない。実は、比較的多くの店が、築地で玉子焼きを買って、寿司に用いている。なかでも寿司職人の間で知られていたのが「すし玉青木」である。そして、こうした寿司店で修業した職人が地元へ帰って独立開業したとき、地元には玉子焼きの専門店がない、と頼りにしてくるのが、やはり「青木」なのだという。そうしたことから、「青木」の玉子焼きは全国へ発送され、各地の寿司店で使われているのだ。雑菌が入らないようパック詰めされて地方発送されている玉子焼き。駅弁に使うにはうってつけであった。

焼き魚はどうするか、ということについては横山のなかでは早い時期から考えがあった。

「料亭で仕事をしていて、接待の席のお客様から、『接待相手へのおみやげとしたいので、魚久の粕漬けを用意してもらえないか』といった声を何度か聞いていたんです。お客様のご要望で手配をしたことも何度かありましたから、魚久さんにはしばしば足を運んでいました。社会でそれなりの仕事をしている方々が名指しでおみやげに、といわれるお店なんだ、という認識があったんです」

横山は魚久の粕漬けについてこのように言う。

「当時は、百貨店でもあまり見かけなかったんです。多くの人が知っている有名な店ではなかったかもしれません。でも、知る人ぞ知る、ということで、魚久さんはすごい、と思いました。たとえばサーモンにしても、ノルウェーなのか、タスマニア（オーストラリア）なのか、といった具合にその年、その時期の一番いい漁場へ行って、そこで買い付けてくる。その専門の方がいらっしゃる。だから多くのリピーターの方に支持されているんだ、足を運んでいるうちにそういったことが実感としてわかりました。ただ、そうはいっても、その魚が私どもに納品されるのは、市販品そのままではなく、私どものお弁当に使用するための粕漬けです。結果的にはそれに沿って、いろいろとお願いすることになりました」

ようやくではあるが、道が見えてきた、横山は思った。

●難航する老舗との交渉

それぞれの老舗との交渉は、順調に進んだところもあれば、容易に納得してもらえずに、難航した相手もあった。

「自社のブランドを大事にされていたんでしょうね。それが駅弁に使われて大丈夫なのかと、そういった気持ちだったのでしょう。正直いって、悔しかった、嫌でした。何でこんなに格下に見られるのか、それに関わっている自分まで見下げられているような気がして、料理人として否定されたようで」

当時の横山は駅弁専属で仕事をしているのではない。立場としては懐石料理店の料理長である。料亭には著名人も訪れる。政財界のＶＩＰと会話を交わすこともある。そんな日常のなかで先方に足を運んだあげく、「駅弁屋ごときが……」と、応対されるのだ。かなりのストレスだったことは想像に難くない。

「ここで引き下がったら、いいものはできません。表社長に相談して、社長とともに、交渉を重ねました。でも、『冷たいお弁当でしょう？　そんなものに、うちの品物ですか』とおっしゃられて。自分たちが作っているものへの自信とプライドですね。ですから、こちらも先方に納得していただける材料をお見せしなければなりません」

横山たちが行なったのは、すでに販売している「吹き寄せ」や「幸福べんとう」などを持参し、味わってもらうことだった。

「駅弁は高くてまずい、そのイメージを持っているのであれば、まずは私たちが作っている駅弁を味わっていただいて、そのイメージを変えていただこうということでした。それと、どのような使われ方をするのかわからないという不安もあったと思います。ですから、現在はこんな素晴らしい駅弁を出しているんですよ、とわかっていただきたくて」

結果的にはこれが功を奏し、2カ月あまりに及ぶ粘り強い交渉の後、先方も承諾してくれた。横山は述懐する。

「すでに販売実績のある高品質の駅弁が2種類あったからよかったんです。これがもし、『吹き寄せ』も『幸福べんとう』も完成していない、これから作ろうという手探りの状態だったら相手にしてもらえなかったでしょう。そのくらい厳しいものでした」

●老舗の味を駅弁にするための試行錯誤

こうしてようやく老舗との交渉が進んで、目指す方向が見えたわけだが、まだ道は遠い。老舗の味、といっても、市販品をそのまま駅弁に使用することはできない。まずは衛生検査という関門がある。浅草今半の牛肉佃煮は市販されている状態のものを横山が検査にかけ、合格していた。だが玉子焼きと魚はこれから衛生検査を行なわなければならない。

「実をいうと、青木さんの玉子焼きは、市販しているものを購入して、社内の衛生検査にかけてみたところ、大丈夫だったんです。ただ、一般的にいって玉子焼きは時間を置くと菌が発生しやすいので、念には念を入れて、ということで、調理器具を変えていただくとか、そうしたお願いをしました。卵を消毒して、割った卵はすぐに冷蔵庫に入れてくださいとか。焼くときに使用する箸が木製だと、箸の木目の隙間に菌が入ることがあるのでステンレスの箸にしてくださいとか。でも、青木さんは、もともと、玉子焼きというどちらかといえば傷みやすい食品を地方発送していらっしゃるところでしたから、品質管理には非常に気を遣っているわけです。ですからこちらのわがままにもすぐにご理解をいただけました。なにより、『東京名物の駅弁を作りたい』というこちらの気持ちを意気に感じてくださって、積極的に協力していただけました」

牛肉佃煮は、市販品を検査して問題がなかったから、衛生的には合格している。だが、そのまま弁当には使うことはできない事情があった。

「当時は浅草今半さんの佃煮は牛肉レンコン。これに使われているレンコンの切り方が大きめなんです。大量に使えるのであれば問題ないのですが、価格的な問題があって、使える分量は限られてしまいます。盛り付けるときには『これは何グラム』という単位で盛り付けますから、肉以外の食材が大きいと、１人前のお弁当なのに肉の量が一定にならないんですね。ふたを開けてみたらレンコンが目立ってお肉はほんの少し、という可能性も考えられました。それで、副菜のレンコンをもっと細かく刻んで欲しい、そして肉の量を増やしてください、とお願いしました。浅草今半さんも快く承諾してくれて。現在は牛肉タケノコですが、同じようにここで使うタケノコは、市販品よりも細かく刻んでもらっています」

こうして、浅草今半の牛肉佃煮は、市販の品とは別バージョンで、「東京弁当」に盛り込まれることになった。現在も、「東京弁当」に使われている牛肉タケノコは、浅草今半で市販している品とは異なる特注品である。

粕漬けの状態で納品される魚久の魚にも、課題はあった。

現在「東京弁当」に使われている魚久の粕漬けは、40～45グラムが標準となっている。実際に魚久で市販されているものよりもはるかに小さい。これは、市販品の大きさだと、弁当のなかで魚が主張しすぎるという横山の判断だったが、魚久の側にしても、そこまで薄く小さく身を切り分けるというのは初めての注文だった。

「先方の工場へ行って、このくらいに切ってください、と実際に切って見せて、納品してもらうときの仕様を現場の人たちに示したんです。でも先方の現場サイドもそうした経験はありませんから。手順を間違えると、最後に大きすぎるものが残ったり、あるいは小さすぎたりでロスが出る。これも、いろいろありましたけど、現場へ足を運んだことで、先方の理解も得やすかったです」

しかし問題はそれだけではなかった。調理法が次なる課題であった。おいしくするための焼き方と、衛生検査を通すための焼き方は違う。横山は、魚久の職人をNRE調理センターへ招いて、焼き方について指導を仰ぐことにした。

「職人さんには本当に何度も足を運んでいただきました。感謝してもしきれません」

工場で作業をするための効率という、駅弁ならではの問題もある。味と衛生検査、そうした条件をどこで折り合いをつけていくかが重要になってくるのだ。さらにいえば、魚久の粕漬けならではの特性がある。酒粕を大量に使用しているため、焦げやすいのだ。実際に家庭でこの粕漬けを焼こうとすると、慣れるまでは焦がしてしまうことが多い。それを、焦がさずにじっくりと、しっとりした仕上がりで焼かなければならない。何度か試行錯誤を繰り返し、最終的に横山が選んだのは、オーブンで時間をかけて焼く方法だった。

ところが、発売してほどなく、客からクレームがきたことがあった。「魚の中が赤いままになっている。きちんと火が通っていないのではないか」。もちろん、火が通っていないわけはない。衛生検査をして芯温も確認している。しかし、客に対してむやみに反論することははばかられた。それに、この弁当ならではの事情もあった。

「お弁当としては私どもの商品。でも、魚久の魚ということでは魚久さんの商品。ですから、クレームがあっても自分たちだけで対応するのではなく、魚久さんに連絡して、回答を待つということにしたんです。自分ですべてできないということで、もどかしさを感じたこともあります。そうしたなかから、再度浮上してきたのは、やはり焼き方に対する課題でした」

老舗の魚久では、魚は炭火でじっくり時間をかけて焼いている。しかし、駅弁に炭火焼きはできないから、横山はオーブンで焼くことにした。これを検討し直したのだ。再び魚久の職人に来てもらい、焼き方の指導を受けながらいろいろと試して、オーブンではなく、焼き台で、魚の裏表を返しながら焼くという手作業に変更した。すでに弁当が完成し、発売された後でも、このように魚の焼き方についてもっと改良したい、と、魚久から指導を仰いだことも数回あったという。
一方の魚久サイドも、わざわざ駅へ出向いて弁当を購入、感想を伝えてくるなど、力のこもった対応をしてくれていた。

和菓子は「根津　やよい亭」の羽二重《はぶたえ》。

「実をいうと、やよい亭は当時私が料理長を務めていた上野のホテル『東京弥生会館』の中にあった料亭の名前です。懐石料理のあとに出していた手作りのぼた餅がとても好評だったので、それを出してみようかと。ただ、ぼた餅では野暮ったい印象なので、名前を羽二重に変えたんです」

これには後日談があって、「東京弁当」の発売のあと、料亭に「羽二重というお菓子が欲しい」と買いに来る客が現れたのだとか。もともと料亭であって和菓子店ではないから、販売用は考えていなかった。それでもむげに断るわけにもいかず、食事の客の持ち帰り用の包みでとりあえず対応した。ところがそうした客が増えてしまって、持ち帰り用の箱を雑貨店で買ってきて用意したこともあったとか。

●弁当箱に隠された秘密

「東京弁当」では、弁当箱も試行錯誤を重ねることになった。弁当の形式としては、懐石風ではなく幕の内である。主役は焼き魚と玉子焼きと牛肉の３種類。これを目立たせるためにはどうしたらいいか。最初は「吹き寄せ」のような正方形を考えた。しかし、それでは吹き寄せとの差別化を図りにくい。丸い弁当箱は「幸福べんとう」を連想させる。長方形の箱を使って盛り付けのテストをしたり、２段重ねの重箱スタイルも検討した。

そんなふうにして何度もダミー（完成見本）を作ってみることを繰り返すうちに、横山のなかで具体的なアイデアがまとまっていく。それは、長方形の箱の中央に「これぞ東京！」という主役をそろえて、視覚的に訴えるということだった。多くの駅弁で見られるような、ご飯とおかずを２つに分けて盛り付ける方法では、主役の食材がかすんでしまう。３つに分けて中央に主役の３品を並べたい。しかし縦に平行して３等分では視覚的に弱い。そう考えると、主役を盛るスペースを、箱の中央にもってきて、なおかつ、視覚的な印象から、Ｖ字形にこだわりたかった。そうして横山は行動を起こすのだ。

「自分で箱のサンプルを作りました。イメージができていたんですね。ここに青木さん、ここに浅草今半さん、ここに魚久さんという。そのサンプルを業者さんに持っていって、こういう箱を作って欲しいとお願いしたんです」

そこからが大変だった。Ｖ字形の仕切り板は箱の製造業者も経験がない。しかも、おかずが動

「東京弁当」の箱とＶ字形の仕切り板

かないよう、仕切り板はしっかりと固定されていなければならない。最初の試作品は接着剤で仕切り板を固定していた。即座にNG。食べ物が直接ふれる部分だから、糊付けはダメ。金具もダメ。ホチキスで針止めするのもダメ。ダメ出しは10回以上にも及んだ。

「最後のころは私も業者さんも意地になってましたね。そんなことを繰り返して、完成したのが現在の形。紙を折って芯にダンボールを入れて厚さ4ミリにして、紙の強度を増して。仕切り板は紙を折ってその強度だけで形を保ち、これをはめ込む形式にして、糊付けとかはしていません。だから仕切り板は簡単に取りはずせます。紙を折って厚みと強度を出したことで、一見、木製のような高級感も出すことができました。まるで仕出し弁

V字形の仕切り板は箱にセットすると板の反発力でしっかりと固定される。優れたアイデアで完成したものだ

当の箱のようなイメージに仕上がったんです」

　駅弁の箱は発泡スチロール製やウレタン製が主流である。これを紙にしてはどうか、という提案は、箱を製造する取引先からのものだったという。

　こうして、箱は完成した。ところが、今度は調製の現場が困ってしまった。これまでの弁当には存在しなかった三角形のスペースに戸惑ったのだ。玉子焼き、焼き魚、牛肉の主役は横山の指示通りでいい。だが、それ以外の煮物やご飯の詰め方に工夫が必要となったのだ。しかし、現場も横山のこうした新しい試みには慣れ始めてきていた。少しの指導で、現場も対応できるようになった。

「本音をいうと、白いご飯の上に昔ながらの評判の梅干し、というふうにしたかったんです。色合い的にも、梅干しの赤紫は白いご飯に映えるので。ただ、東京産にこだわって予算的な問題や安定供給といったことから、あきらめました」

●東京駅でしか買えない駅弁として人気商品に

いよいよ完成した、東京の名物で作った弁当。ある意味、都内の老舗名店とNREのコラボ弁当でもある。名称はストレートに「東京弁当」と決まった。発売も東京駅限定とされた。東京駅だけという付加価値をつけようと、絵葉書を添えた。大正時代、開業間もないころの東京駅を描いたもので、原画は「交通博物館」（現在の鉄道博物館の前身）から借りた。この絵葉書の図柄が、掛け紙のデザインにもなった。地方から来てこの弁当を買った人には、絵葉書がおみやげにもなるように、ということである。いよいよ、駅弁革命は次なる一歩を大きく踏み出すときがきたのだ。

「東京弁当」の発売は2002年10月1日。価格は1600円。販売するのは、東京駅にあるNREの駅弁の店舗のうち、東海道新幹線中央乗換口の正面にある売店など、新幹線利用客を想定した8店舗。販売目標は1日150個だったが、なかなかその数字には届かなかった。1600円という価格が敬遠されたこともあるだろうが、当時はまだ「魚久」「青木」などのブランドも「知る人ぞ知る」といった状態で、広く知られていたわけではなかったことも理由のひとつだった。

「東京弁当」。他に類を見ない斜めの仕切り板によって、箱の中央の東京名物が詰められたスペースが印象的に引き立つ

ただ、それでもこの弁当の売上げはじわじわと増えていった。思わぬ効果だったのは、お品書きに「魚久」「青木」「浅草今半」の名称を入れていたため、これらの店で問合せが増えたということだった。そして、あるときから売上げは急増する。

「駅弁ライターの小林しのぶさんが、『東京駅に待望のおいしい駅弁ができた』と紹介してくれたんです。それまで小林さんはＮＲＥの駅弁はほめてはくれなかったのですが、このときは評価してくれました。これがきっかけになりました」

リピーターも確実に増えた。「東京に来たら必ず買っていく」「弁当そのものをおみやげにして、家族や田舎の友人に買って帰った」といった声が届けられるようになった。２００５年にはＮＲＥの駅弁としては売れ筋のベスト5に数えられたこ

「銀幕」こと「銀の鈴幕之内弁当」。東京弁当のグレードアップ版といえる

ともある。東京駅以外の店舗では販売していないことを考慮すると、これは驚異的な数字である。

ちなみに２０１０年現在は、材料の安定供給と調製に手間がかかるなどの理由で「東京弁当」の調製は１日に４００個で制限をかけている。このため爆発的に売れることはないが、それでもベスト20にはしばしば名を連ねるほどの人気だ。この間に多少のリニューアルもなされた。「日本ばし大増」との合併により、煮物は「大増」の味付けを活かしたものに変えた。これで東京の名品がもうひとつ、加わったことになる。また、和菓子は適宜変わっていった。

発売当初は玉子焼きに「青木」の焼き印は入っていなかった。それだと玉子焼きの存在感が薄れてしまう。思いあぐねた横山は、自分たちの手でひとつひとつに焼き印を入れていく、という手間をかけたのである。当初は「青木」に焼き印の装置そのものがなかったからだ。もちろん現在は「青木」でこの焼き印は入れている。

　実をいうと、横山はこの弁当について、仕入れ原価などの関係で定価２０００円を目指していた。しかし、販売サイドから「２０００円以上の価格帯の弁当は『大人の休日』だけにしたい」との要請があり、「吹き寄せ」や「幸福べんとう」よりやや上の価格、１５００〜１６００円を想定することになった。当初、横山は「東京の名品を5種類くらい」と考えていたのだという。しかし想定していた価格が下がったことにより、５種類の名産を盛り込む案は予算的に不可能となった。そうして3種類の主役となった経緯がある。

　そんなことから、断腸の思いでいったん候補から外れた東京の名品が、その後、思わぬところで駅弁に復活することになる。それが「日本ばし銀幕（銀の鈴幕之内弁当）」だ。２００7年10月、東京駅地下にエキナカの「グランスタ」が完成し、そこにＮＲＥの店舗「駅弁屋　極《きわみ》」がオープンすることになって、販売サイドから要請を受けて作った弁当である。この店舗のオリジナル駅弁を強調するため、販売は「駅弁屋　極」に限定。この店舗の近くには、東京駅の待ち合わせ場所のシンボルとして古くから知られた「銀の鈴」がある。そこで、「銀」と東京のシンボルでもある「日本橋」にこだわった食材を集めたものだ。そうしてみると、これは東京弁当の「日本橋」

及び「銀」バージョン。コンセプトは「東京弁当」の延長線上ともいえる。そこで集められた食材は「日本ばし神茂《かんも》」のはんぺん。「山本海苔店」の焼き海苔。「三之助《みのすけ》豆腐」の創作豆腐。「日本ばし大増」の野菜のうま煮。「すし玉青木」の玉子焼き、など。また、「銀鮭」「銀鱈」「銀杏」「銀しゃり」など銀づくしの品を並べた。価格は東京弁当よりやや高い1800円となった。

●話題の駅弁「はやて弁当」も手がけた

この「東京弁当」に関わってもがいている状態のなかで、横山はもうひとつの駅弁を作り、ヒットさせている。それは「はやて弁当」だ。2002年12月、東北新幹線が盛岡から八戸へ延伸し、新たに「はやて」が運行したことを受けた、期間限定発売、個数も1日300個限定という記念弁当である。

ちなみに、日本の特急列車に愛称が付けられたのは昭和4年（1929）。このときに一般公募で上位にランクインした愛称を紹介しておくと、1位は「富士」。2位が「燕」。以下、「桜」「旭」「隼」「鳩」「大和」「鴎」「千鳥」「疾風《はやて》」と続く。この10種類の愛称名のなかで、唯一採用されなかったのが「疾風」だ。それがここへきてようやく採用されたのだ。

「全体のイメージはレトロな手作りのお弁当。梅干しを使った日の丸弁当に、玉子焼きと塩鮭。

これに煮物を加えて。よく見かける食材だけど、食べてみたらおいしい、ということを考えました」
玉子焼きは「東京弁当」で縁を深めた「青木」のもの。これを、家庭料理の雰囲気を出すために、「あえて表面を焦がしたものにして」と注文した。完成した弁当はまさに「昭和のお母さんの手作り」といったイメージになった。掛け紙には、東北新幹線と併走するオートバイに乗って〝疾風のように現れる〟月光仮面。さらに、紙の弁当箱の通常パッケージ版のほか、２万個限定で弁当箱を昔懐かしいアルマイト製にしたものも用意した。

こうした希少感がマニアの心をくすぐったのか、とんでもない事態へと発展する。東京駅では新幹線中央乗換口正面の売店で発売したのだが、売店から行列が八重洲口の改札外まで延々と続いたのだ。東京駅の駅員が、ＮＲＥの売店に対してクレームを出したほどである。まさに前代未聞の「事件」であった。

一方の横山は、発売当日には東京にはいなかった。

この「はやて弁当」は、東京・上野・大宮・盛岡・八戸の各駅と、東北新幹線「はやて」の車内で販売する。首都圏の発売分は東京のＮＲＥ調理センターで調製する。が、盛岡以北の発売分は、盛岡の工場で調製することになった。その工場でアクシデントが発生する。発売の前日のことだった。横山はその詳細を明らかにはしないが、急遽、現地へ足を運んで陣頭指揮。徹夜で作業をしてなんとか発売に間に合わせることができた。そうして発売当日となる翌朝、横山は、延伸開業したばかりの「はやて」の始発列車で八戸へ向かった。出来上がったばかりの弁当を搬入するためである。そこで目にしたのは、駅弁売り場の長蛇の列だった。

「マニアだけではない、老若男女。本当に驚きました」

この長蛇の列に、搬入した「はやて弁当」は、ほどなく売り切れた。このとき横山は、買いそびれた客から詰め寄られ、怒鳴られたという。「何で品切れになるような作り方をするんだ!」と。限定販売は横山の考えではない。だが、駅弁を楽しみにして、行列まで作って買う人々がいるという認識は、その後の横山の駅弁に新たな風を吹き込むことになるのである。

「はやて弁当」の混乱もひと段落を経て、「東京弁当」も売れ筋のまま落ち着いた。この時期をふり返ってみると、横山は「とても恵まれていた」という。

「最初は門前払い同様だった業者さんもありましたが『吹き寄せ』『幸福』などの完成品があったからわかってもらえました。それどころか、いったん話が決まると『頑張って東京を代表する駅弁を作りましょう』と、積極的に協力してくれました。『浅草今半』のすき焼きは、予算的な問題から無理だろうという気持ちがあったのですが、ダメもとで相談をしてみたところ、前向きに検討してくださって、最終的に価格的にも折り合いがついたんです。そんなことを考えると、もし、『吹き寄せ』や『幸福』よりも先にこの『東京弁当』の企画があったとしたら、実現は難しかったと思います。逆に、時期が遅くなって、今の不況の真っ只中に企画されたとしたら、これも無理だったでしょう。ちょうどいい時期に、ちょうどいい企画があって、そのタイミングで最適の取引先に恵まれた。その意味で、自分は本当に恵まれていたと思います」

チャンスの女神の後ろ髪は短く、躊躇逡巡しているうちに通り過ぎてしまうという。横山は自分でも意識しないでチャンスの女神の後ろ髪をつかんでいるのだ。結果的には、それぞれの老舗が新しい販路を得て、マスコミも注目し、それによって「東京弁当」もさらに売れていくという相乗効果が生まれた。

「東京の駅弁、東京の名物ということで認知されたということだと思います。販売サイドからは『東京駅以外の首都圏駅でも売りたい』と要請があるんですが、かたくなに断っています。各地で行なわれている駅弁まつりなどにも、東京駅で行なう場合以外は出しません。東京駅にこだわったからこそ完成したお弁当です。ここで基本軸をぶらしたらダメ。形はこのままで、20年、30年と続いて、東京の駅弁といったらこれ、というようなお弁当になって欲しいです」

「吹き寄せ」や「幸福」は、東京の駅弁でも価格相応においしいものがある、ということをアピールした。「高くてまずい」というイメージを払拭する、駅弁革命の初期を担った駅弁である。そして「東京弁当」では横山は「東京駅の駅弁の顔になって欲しい」と弁当作りを進めた。「初めて、本当の駅弁を作ったという実感があります」と横山は言う。

「最近増えているのが、添えられた絵葉書でおほめの言葉をお送りくださるお客様。やはり、うれしいですね」

「駅弁革命」はここへきて、新しい方向へと踏み出したのだった。

第5章　さらなる高みへ

日本の美味を集めた究極の駅弁～極附弁当

●「日本一の駅弁」への挑戦

その話が決まったときの横山の気持ちは「本当にできるのか、半信半疑」というのが適切だろう。始まりは横山自身も「明確には覚えていない」という、2002年の夏ごろの出来事である。「吹き寄せ」「幸福」「大人の休日」など、それなりの成功を収めてきた横山が、異業種交流会のような会合に出席することになった。出席者はアパレル関連業界とか百貨店勤務、航空会社勤務など、駅弁とは無関係な業界の人々。というよりも駅弁を食べたことすらない、という面々である。それだけにブレーンストーミングで発せられた声は横山にとっても斬新であった。が、斬新ではあっても横山のなかでは半ばさめた思いがあったのも事実である。

「キャビアを使ったらとか、フォアグラの弁当とか、調理の点からも、価格的にも現実的ではない意見が多かったと記憶しています。そんなこと、できるわけないだろう、そう思いながら、表面的にはうなずいていました」

だが、結果的には、この会合が、エポックメーキングとなるのである。自由な発想のなかから誕生したのは、「日本中の食材が集まる東京だからできる日本一の駅弁」というコンセプトだった。この話を社内に持ち帰って会議にかけたところ、表社長が一発ＯＫを出す。「駅弁革命の集大成と

して チャレンジしよう」と話が決まった。

日本一の駅弁。言うはやすいが、そこには越えなければならないハードルがいくつもある。たとえば当時、高額駅弁として知られていた弁当には金沢駅の1万円の弁当がある。これを超えるとなると1万円以上の駅弁となるのだろうか。とても非現実的だ、というのが正直な気持ちだった。そんな思いを抱えながら「日本一の駅弁」を目指して社内にプロジェクトチームが発足。そのなかで、「1万円にはこだわらない」という基本方針が確立する。「あくまで駅弁としての価格帯で」というコンセプトだ。

横山が意識をした金沢駅の弁当は、非常に完成度の高い弁当であるが、完全予約制であり、実質的には駅弁というよりも「懐石料理店が駅に配達してくれる仕出し弁当」に近い。しかし横山に課せられた「日本一の駅弁」は「予約なしで買える、店頭に並べて売る弁当」である。すでに「吹き寄せ」「大人の休日」などの弁当で完成度の高いものを作ってきた横山にとって、新たに突きつけられた課題は重かった。

「懐石をやってきたんだから大丈夫でしょ、といった発言がこたえました。懐石風の駅弁を作るために何度も苦労した苦い思い出がよみがえって……大変なことになってきたな、正直そんな思いでした」

懐石の技法がそのまま駅弁に応用できないことはこれまでの経験で身にしみてわかっている。高価格の素材を使ってもそれが駅弁にマッチするとは限らない。越えるべきハードルがまた増えた、それが実感だったという。

そうしたなかでプロジェクトチームの会議も次第に進んでいく。当初の売価設定は5000円となった。ちょっとしたレストランでフルコースが食べられる値段である。何度も食べてもらえる値段でないのはわかっている。この価格を客に納得してもらわなければならない。そこから考えたことは、逆説的かもしれないが、定番化だった。

「吹き寄せ」や「大人の休日」は季節で内容を変えている。「吹き寄せ」の価格であれば、一度買って気に入った客が「以前に買ったときはマツタケだったけど今度はカニだ」ということでまた買うかもしれない。リピーターとなる可能性を持った価格帯なのだ。だから、季節ごとに内容が変わることが、大きなセールスポイントとなる。

しかし、基本設定が5000円の駅弁ではリピーターはさほど期待できない。そこに季節で内容を変えてどれほどの意味があるのか。さらにいえば、「日本一の駅弁」がしばしば内容を変えていくというのはどうかという思いもある。それならばいっそ、「これが日本一」と提案し、その基本から、ぶれない、変わらない。それが何より重要ではなかろうか。そう思いいたったとき、横山の心は決まった。しかし、その考えは旬を盛り込んで調理をする懐石料理の考え方を否定することでもあるのだ。「吹き寄せ」「大人の休日」でやってきたことを否定して、新たな道を模索し、さらなる高みを目指す。横山は自ら重い足かせを引きずることになった。

●偶然出会った究極の有機米

売価5000円で納得してもらえる駅弁。しかも、懐石のように季節ごとに変えることをしない。となると、これは「究極の幕の内」となる。その道程として横山が選んだのは、食材へのこだわりだった。それも、まず、米。「幸福べんとう」で培った有機米のノウハウ。それを越える米探しから、まずはスタートすることにした。結果的には、「極附弁当」の食材としての米は最後に決定されることになるのだが、そこまで時間をかけるほど、横山にはこだわりがあった。それはブランド米にこだわる、ということではない。これまでも述べてきたように「冷めてもおいしい」が大きな命題として存在する。コシヒカリをベースにブレンドするか？　炊き加減を変える？　悩んでいても答えは出てこない。そんなときに、理想の相手にめぐり会った。その出会いは、半ば偶然の産物だったという。

横山はデパートの食料品売り場にしばしば足を運ぶ。情報収集というほど大げさなものではないと本人はいうが、お目当ての米と出会ったのもデパ地下だった。たまたま、「全国米・食味分析鑑定コンクール」の関係者が試食用の米を配っていたのだという。いくつか試食したが、横山も初めて名を聞く銘柄がほとんどだったにもかかわらず、どれもおいしい米だった。頼み込んで生産者を紹介してもらった。石井稔。2年連続で金賞を受賞した農家だという。第2章で紹介した食味計で92点という、関係者をして「見たことがない高い数値」と言わしめた、まさに究極の米である。

「市場に出回っていないので、たぶん手に入らないと思いますよ」。そう釘を刺されても、横山はあきらめなかった。「とりあえず、現地を訪ねよう」と、表社長とともに宮城県登米町《とよままち》（現・登米《とめ》市）の石井氏のもとへ足を運んだ。そのときの感激を横山は忘れられない。

この年は天候不順ということもあって各地で米が不作だった年。目にする水田の多くが稲に花が咲いても結実しない状態だった。ところが、石井氏の水田だけが稲穂が実っている。

「稲の背丈がすごい。田んぼの中にドジョウがわしわしいる。ほかの田んぼの周りには鳥もいないのに、石井さんの田んぼの上にはツバメが飛び回っている。何もかもが際立って違っていて、その素晴らしさに感激してしまいました」

とにかくこの米を絶対に欲しい、その思いは横山を突き動かした。いろいろ話をするなかで、

「駅弁に使うので冷めてもおいしい米を求めている」といったことに話が及ぶと「うちのは冷めてもおいしいですよ」と石井氏が太鼓判を押した。石井氏の米は農薬に頼らず自然の力で栽培する、いわゆる有機米である。有機米には特有の酵素が含まれており、劣化しにくい。したがって冷めても味が変わらないのだ。しかし、すでにその年の米は予約で完売の状態で、新たに販売する量はない、と言われてしまう。それでも「遠いところをわざわざ訪ねてくれたのだから」と手みやげ代わりに炊き立てのご飯をいただいた。「冷めたものを食べてみてくださいね。明日の朝でも味は変わりませんよ」ということだった。

しかし東京に帰った横山は、3日後まで時間を置いてみた。

「9月でした。3日前のご飯なんてすえた臭いがするものですが、味も色も香りも変わらない。食べても3日前のご飯とは思えないくらいうまい。これしかない、本当にそう思いました」

意を決した横山は、それから粘り強い交渉を続けることになる。そして、石井氏が来年以降の米の生産量を増やし、それを販売するということで話がまとまった。つまり、この駅弁は、翌年秋以降の米の収穫を待って完成するということになる。米の決定が最後になったというのはそうした事情だ。また、仕入れられる米の総量から逆算した結果、1日あたりの販売個数は30個ということにもなった。

●幻の鮭を求めて最果ての地へ

発売まで1年以上の時間がある。これは余裕でもあると同時にプレッシャーにもなった。ここで横山が考えたのは、他の素材も究極のものを探そう、ということだった。これまでの横山の駅弁作りは、献立を考えて、おおよそのイメージを作って、そこから材料を探していくというもの。しかしこの弁当に関しては献立優先ではなく、どんな素材が手に入るのか、それによって献立を考える、という逆発想で進めていくことにしたのだ。

そうした食材探しのなかで印象的なのは、「メジカ」だという。メジカはオホーツク沿岸などで獲れる秋鮭の一種。普通の鮭よりも一回り小さくて背中が青光りしているという。本州の日本海側まで南下するはずがオホーツク沿岸にとどまってしまった若い鮭とのことで、イクラや白子が未成熟で、そのぶん魚体の脂ののりがいい。一般的に、脂ののった秋鮭の脂肪率は3パーセント前後だが、メジカの脂肪率は6~7パーセントと高い。一説には鮭1000匹に1匹混ざるかどうかといわれる「幻の秋鮭」である。当然ではあるが、当時はほとんど流通していなかった。

このころ、寝台特急「カシオペア」の食堂車の仕事も手がけていた横山は、打ち合わせで札幌に赴くことがあった。その札幌出張の折に、鮭の水揚げ漁港を訪ねることにした。お目当てはもちろんメジカであるが、具体的に計画をしたわけではない。半ば出たとこ勝負、とりあえず行ってみようというくらいの軽い気持ちだった。だからというわけではないが、現地へ到着してみたら、市場も漁協も定休日、ということになってしまった。朝早く札幌を特急で出発し、昼過ぎにようやく目的地の稚内に着いたにもかかわらず、である。途方に暮れた。とりあえず港で網を修理していた漁師に声をかけ、メジカの話を聞きだす。まだ時期が早くて難しいとのことだったが、それでも「駅弁に使いたいので極上の鮭を探している」と、話を続けるうちに、船に乗せてもらえることになった。とはいえ、稚内までやってきたものの、まさか漁船に乗ることになるとは思っていなかったから、スーツに革靴といういでたちである。急遽ホテルを予約し、近くのホームセンターで下着やセーター、防寒着などを買い込むと、ホテルで仮眠を取って港に戻ったのは翌日の未明、午前2時だった。いよいよ漁船に乗り込む。横山にとって生まれて初めての体験である。網を揚げるときに船がいきなり傾く、そんなことすら横山には驚きだった。あふれるほどの鮭には、ただただ感動した。しかし、メジカは獲れなかった。やはり漁期が少し早いということだったのだ。

「話を聞くと、メジカが揚がったらその場で食べるのだそうで。ところが、皮の上を焼いて身を返そうとすると焼き網に身がくっついて返せない。そのくらい身が軟らかくてしかも脂がのっているということでした。これはなんとしても欲しい、今後水揚げがあったらぜひとも送ってもらいたい、と頼み込んできました」

そうして後日入手したメジカは、通常の秋鮭とはまったく違う風味と脂ののりだったという。これで魚も決まった、横山はそう思った。

食材を求めての行脚は続いた。江戸前の素材ということで上質のアナゴを求めて神奈川県・三浦半島の金沢八景へ。しかし「水揚げはあるけれど、揚がらないときは揚がらない」という漁協関係者の言葉であきらめざるを得なかった。

野菜も現地を訪ねた。「幸福べんとう」で有機野菜を探し求めた経験から、有機に積極的に取り組んでいた千葉県の富里へ。農家を訪ねつつ、安定供給ということでJAを通じて契約した。

卵は茨城の養鶏場へ出向いた。といっても、卵は「東京弁当」の縁から、「すし玉青木」の玉子焼きを思い描いていた。したがって養鶏場は「青木」に納入していた施設であり、訪ねたのは現地確認の意味合いが強い。特に安定供給を意識していた。訪ねてみて感動したのは、数百羽の鶏が放し飼いになっていること。地尤卵《じゆうらん》といって、放し飼いの環境で飼育し、鶏の飼料には遺伝子組み換えのものや、ポストハーベスト農薬（収穫後に散布する保存のための農薬）使用のものは、一切与えずに育てた鶏だという。卵の外見を見ただけではわかりにくいが、割ってみると黄身の盛り上がりが違った。だが、それで満足したわけではない。「すし玉青木」には、この卵本来の風味を活かして、「東京弁当」とは違う甘さを控えた玉子焼きを発注。現在の味に落ち着くまで何度も試作を繰り返してもらった。

目指すのは究極の幕の内。ならば、かまぼこも必定である。このときは紀文食品を訪ねた。「創業者が中学の先輩。それだけが縁でした」。しかし、先方に話をすると「日本一の幕の内を作るというなら協力したい」と、あまり流通させていない特別の手作りかまぼこを納品してもらえることになった。

こうして次第に食材が決まっていく。肉は黒毛和牛や豚肉、鶏肉などさまざまなものを試した。精肉だけではなく牛肉味噌漬けのような加工品を使用することも検討した。そして最終的に日向《ひゅうが》鶏と黒豚の2種類の肉に決定した。イメージとして高級品である牛肉を避けた理由は、火を通した後に冷ますと脂が固まりがちで、獣臭がきつく感じられたからという。牛焼き肉だって冷めると美味ではない。そんなことから豚と鶏という選択になったのだが、横山は転んでもただでは起きない。このとき感じた獣臭の問題や、冷めてもおいしい牛肉料理を横山は内なる課題にして、後に（2008年）同社の定番駅弁のひとつ、「牛肉弁当」の改善に成功している。

しかし、まだ何かが足りない。考えて、殻付きの貝を入れることにした。当初考えたのはハマグリ。しかし国産にこだわると、同じ大きさにそろえることが難しくなる。築地の取引先に相談して、瀬戸内海産のトコブシに落ち着いた。

「もしかして、お客様がアワビかも？　と思ってくれるか、なんていたずら心もなかったとは言いません。まあ、冗談ですが」

さらに車海老、棒鱈《ぼうだら》、天然岩海苔、モンゴウイカ、アナゴ、タケノコ、白マイタケなど、横山が選び抜いていった食材は30種近くにも及んだ。

●献立作り、そして盛り付け。現場とのあつれき

そんなふうにしてほとんどの食材が決まったのは発売の3カ月前くらいだった。もちろん、それ以前から、食材が決まると献立を考えて試作を繰り返してきた。弁当の名称は、究極の素材を集めた、ということで「極附弁当」となった。「極附」とは、歌舞伎の世界で「究極」という意味を表す言葉である。

販売サイドからの意見として５０００円は高すぎる、ということで、価格は再検討。原型ができた段階で原価計算をして、最終的には３８００円という価格が決定した。ちなみに当時の横山は駅弁の開発をしながらホテルの料理長でもあるという二足のわらじ状態。午前中は工場に入り、

午後からは料亭へ、そんな状況のなかで献立作りをしなければならなかった。特に苦労したのは、やはり衛生である。

「食材にこだわった結果、素材がそのまま納品されてくるんです。すべて下処理が必要。生の野菜とか、そのまま工場には持ち込めないので、下処理専用の別部屋が必要になりました。黒豚の肉は味噌漬けとして納品されますが、これも味噌を洗い流す場所が必要になる。大量生産でラインに流すのではない、仕出し弁当の厨房のノウハウが必要になったんです」

結果的には、この究極の弁当は通常のラインとは別のチームが調製することになった。

たとえば鮭。雑菌を落とすために真水で洗うが、やりすぎると味が抜けてしまう。豚肉は焼きすぎたら冷めたときに食べられない。しかし、衛生検査を通さないと商品化はできない。どこまで洗えばいいのか、どこまで焼けばいいのか。温度を変え、時間を変え、まさに試行錯誤である。しかも調理してから10時間以上を経てからの風味なのだ。そうして「この味、この献立」と横山なりに決めても、衛生検査に通らなければ一からやり直しとなってしまう。

さらに、究極の弁当ならではの問題も出てきた。たとえば野菜の炊き合わせ。「幸福べんとう」や「大人の休日」などの弁当とは一線を画するため、同じ素材でも別の味付けで炊く。1日30個と、NREの駅弁としては少量でラインにのるほどの数ではないこともあって、献立のひとつひとつが手作りになるが、それでも出来上がりに差がないようにマニュアル化をしなければならない。ところが、それができない、均一化されない。たとえば献立のなかに岩海苔煮があるが、納品されるときは乾燥海苔なので、戻す必要がある。その水加減ひとつでも、水を入れすぎれば海苔がふくらみすぎて香りが失われる。何度か試作を繰り返してレシピを作っても、微妙な火加減で風味が変わってしまう。そこで、専属の担当者を決めることにした。

「つきっきりで調理指導をしましたが……、最初は仲がよかったのに、ダメ出しが続きますとね、次第に口もきいてくれなくなるんです。そのうちあからさまに避けられたりとか」

ちなみに、この弁当の開発中に、NRE調理センターは「日本ばし大増」と合併している。首都圏の百貨店だけで40店舗を数える和惣菜の老舗だ。このノウハウが「極附弁当」に活かされた、といわれている。後年には「日本ばし大増」の技術が駅弁に多彩に活用されるようになった。しかし、合併当初は違ったようだ。

「日本ばし大増」は百貨店での惣菜販売が大きなシェアを占めている。ところが、百貨店の食品売り場では、惣菜は冷蔵ケースで並べられるのだ。常温で陳列されて10時間以上を経ても販売される、という駅弁の調理とは明らかに異なっていた。これをそのまま駅弁に流用することはできない。ただ、「砂糖と醤油を使った江戸前の煮物」という味付けは、参考になったという。この、

「日本ばし大増」から得たノウハウは、第3章で記述しているように、横山によるいくつもの試行錯誤を経て、後年にその技術が活用されることになるのだが、合併直後のあわただしい状況のなかでは、「極附弁当」にそのノウハウを活かしきるまでの時間が足りなかった、というのが実情のようだ。

そうしたさまざまな出来事があって、いよいよ原型もほぼ出来上がったとき。ＪＲ東日本に「新しい高額駅弁を開発した」という話をしたところ、難色を示されてしまった。「高額すぎて売れないだろう」ということだった。しかしここで引き下がるわけにもいかない。当時の表社長は毎週のように足を運び、難色を示した人々を説得してまわったという。

●予想を超える大ヒット、社内の意識革命も進んだ

そうしてようやく世に出た究極の駅弁、極附弁当。掛け紙には坂東三津五郎《ばんどうみつごろう》が曽我五郎時致《そがのごろうときむね》を演じた歌舞伎「寿曽我対面《ことぶきそがのたいめん》」の場面を描いた錦絵と、「極附」などの歌舞伎文字。錦絵と歌舞伎文字は、橘流寄席文字・江戸文字書家の橘《たちばな》右之吉《うのきち》によるもの。横山は歌舞伎座はもちろん、三津五郎の自宅にも表社長とともに足を運んで許可をもらっている。弁当箱は経木。箸袋は歌舞伎ゆかりの判じ物を印刷した特注品で、箸は宮内庁御用達の「箸勝本店」の吉野杉。そして「極附」の

「極附弁当」。一の重は斜めに、二の重は水平方向にと、仕切り板にも変化をみせる工夫がされている。写真は2009年のもの

文字を染めた風呂敷で、弁当を掛け紙の上から包んだ。

2段重ねの重箱タイプの弁当箱には、一の重に車海老の艶煮や黒豚の味噌漬け、日向鶏の柚香焼き、アナゴの八幡巻、有機野菜の炊き合わせなど。二の重には「幻の秋鮭」メジカの皮目を見せた焼き物や、地尤卵を使った玉子焼き、特製のかまぼこ。そして真っ白なご飯と色鮮やかな梅干し。ご飯の乾燥防止と殺菌効果を考えて加えた笹葉が緑色のアクセントとなった。盛り付けや素材のイメージでいえば、一の重が懐石風、二の重が幕の内である。これこそ、懐石料理で手腕をふるっていた横山がたどり着いた「究極の幕の内」だ。何もかもが新しい、そして、予約なしで買える駅弁としては日本で最も高価な弁当が、ここに誕生した。

発売の当日。横山は表社長とともに販売店を見てまわった。「正直、売れるかどうか、半信半疑」だったという。しかし、横山が目にしたのは、客がこぞって「極附弁当」を買っている光景だった。予想では時間とお金に余裕がある50代以上の女性が買うのだろうと思っていたというが、20代や30代も含め、男女問わずという状況だったという。

「こちらのこだわりに対して、お客様もこだわりを持って買ってくださっている。値段の問題ではなく、こだわりが伝わったんだ、そう思いました」

マスコミもこの話題に飛びついた。そして、連日の売り切れ状態となる。１日30個の限定生産は、実際には米の入荷量から割り出した販売数だったのだが、これがまた希少感をあおった。だからといって増産は簡単にはできない。調製のための現場の人数も決まっている。米を出荷する石井氏に頼み込んで納品量を増やしてもらっても、生産量は１日に70個が限界だった。それでも間に合わないほど、極附はヒットした。

「極附弁当」のヒットは思いがけない効果を生んだ。「吹き寄せ」や「幸福べんとう」「大人の休日」などの駅弁が売行きを伸ばしたのだ。言葉を換えると、１３００円から２２００円といった価格の駅弁が売れ出したということ。最高価格が２２００円という状態だと、「これは高い」というように思われる。しかし３８００円の弁当が堂々と並び、しかも連日売り切れという状態が続くと、2200円の駅弁にも注目が集まり、その内容を知ると高価格とは思えなくなってくる。1300円の価格はそれ単独では「高い」となっても、3800円と比較すると内容に対して「お手ごろ」感さえ生じるのだ。この相乗効果によって、結果的に客単価が対前年比115パーセントにアップ。売上げは対前年比141パーセントにまで増加した。

もうひとつの変化は、社内で起きた。調製の現場のスタッフが明らかに変わったのだ。横山をあからさまに避けていたスタッフもそうだった。

それまでの駅弁作りはいってみれば工場の中でのルーティンワークに近い。同じ作業の繰り返しで結果が見えなかったのだ。しかし、横山が関わってからは、テレビや雑誌で取り上げられることも増えた。客の反応も、それまではあってもクレームがせいぜいだったのが、「おいしかった」「とってもよかった」といった反応が増えてきた。こうした状況は現場スタッフの気持ちを盛り上げる。当時の表社長は、マスコミに取り上げられたことや客からの「おほめの言葉」をコピーして、現場にすべてを掲示したという。駅構内に話題の駅弁の大きなポスターが掲示されるようになったのもこのころだ。「自分たちが作った弁当がこれだけ話題になっている」、そうしたことを実感した現場のスタッフの意識は明らかに変わった。「今話題になっているあの弁当を作っているのは私たち」。そんな意識も芽生え、横山と現場スタッフの間に新たな信頼関係が生まれつつあった。

横山は列車の車内に、この弁当をじかに届けたことがある。

「販売員が届ける際に同行したんです。4人の女性グループの方でした。あ、これが話題の駅弁なのよね、ととても喜んでいただいたこと、今でも忘れません」

●「安定供給」の壁を乗り越えて

だが、好事魔多し、という。横山が食材にこだわり、選び抜いたことが、こうしたなかで裏目に出てきた。端的にいえば、「安定供給」ということである。たとえばメジカは「幻の鮭」である。食材として普遍的に安定供給を続けられるのだろうか。結論をいえば「否」だった。当初はメジカを使うことができた。が、翌年は不漁で秋鮭に変更せざるを得なくなった。そうしてさまざまな紆余曲折を経て、2009年現在の「極附弁当」の焼き魚は、甘鯛の若狭《わかさ》焼きに変更されている。

「そのときの最高の素材を手に入れることはできる、しかし継続的に安定してというのは難しい。幸福弁当でも同様のことがありましたから、それを改めて思い知らされました」

かまぼこも、当初の手作り品ではない。

「かまぼこの原材料である白身魚のグチが水揚げされなくなったことから、製造をお願いしていた紀文さんが生産を中止することになって。それから、粘り強く交渉してそれに代わる同等品を特注で製造してもらうことになりました」

内容を変えることはない、そう考えて始めた究極の弁当が、「安定供給」という壁に突き当たって、マイナーチェンジを繰り返すことになった。当初は「これが日本一」と提示したところから変わらないことを意識していた横山であるが、やがて考えが変わってくる。

「そのときそのときの最高のもの。それでもいいじゃないか。そんなふうに思いが変わったんです」

横山の考えを変えたのは、「極附弁当」を作る過程で出会った多くの人々との出会いだった。いつだったかは定かではないというが、「極附弁当」がヒットしてから後に、横山は茨城の養鶏場を再訪したことがある。そこで目にしたのは、大きく張られた「極附弁当」の写真。「この農園の卵がこの高級弁当に使われています」といったアピールである。

うれしかった。かつて横山は「東京弁当」で苦戦しているとき、あるところで「駅弁なんかにうちの品は使わせられない」という類の言葉をいわれたことがあった。そのときと今回とは取引先も品物も異なるが、あのとき横山は、「駅弁は料理としては格下」と他者から思われているという現実を目のあたりにさせられたのだ。それが、「極附弁当」の成功もあって、少なくともこの養鶏場では、駅弁に使われることがステータスになっている。そこまで駅弁の地位を高めることができた。そんな思いが横山の胸を熱くしたのだ。

「メジカのときの漁師さんといい、お米の石井さんといい、素晴らしい人々との出会いがあって、それで極附弁当ができて、今も続いている。ゴボウなんて、農家の方がこの弁当のためだけに、ほかには出荷しないで畑に土をかぶせてとっておいてくれているんです。そうした人たちと出会えたことがうれしい。そうした多くの人々に支えられて、この弁当があるんです。だったら『幕の内だから季節で内容を変えることはない』などとこだわるのではなく、最高の食材を提供してくれる方々の思いに応えることのほうがずっと大切だ、と思うようになったんです。それで私自身変わることができました。この弁当に関われたこと、そうして今も関わっていること、これはもう、一生忘れられない仕事です」

第6章

既成概念を破る

―人で始めたもうひとつの革命～北海味メッセ

●誰もが懐疑的だったなかでのスタート

横山が手がけた駅弁のなかで、横山自らが企画を立ち上げ、周囲を説得して商品化、結果的にヒット商品となったのが「北海味メッセ」だ。発売は2003年10月。

「カシオペアや北斗星の打ち合わせで北海道へ出張することがときどきあるんです。そういうときに海鮮ものを食べると、うまいんですよね。これを弁当にしたら売れるだろうな、東京にはないし、作ってみたら面白いだろうな、って」

しかし、この思いは横山のなかでは封印されてきた。さまざまな事情から、横山自身、実現は難しいという思いがあったのだ。そんな折に、JRの観光キャンペーン「東北味メッセ2003」に合わせて期間限定で発売されたのが「駅弁　東北味メッセ」だった。これは青森のニンニクチップや宮城牛の味噌漬け焼き、山形の玉コンニャク、秋田のハタハタ干物など東北各地の味を盛り込んだものだった。

「この期間限定駅弁がひと段落し、次は何をやりましょうか、というところで提案してみたんです。東北味メッセの後だから、次は北海味メッセでいきましょう、北海だから海鮮ものでいきましょう、と」

提案は一笑に付された。無理もない、横山自身が「実現は難しい」とあきらめていた企画なのだ。とりあえずイメージ見本を試作して、再度会議に提出。形が見えたことで少しだけ周囲の反応は変わったが、でも賛同は得られなかった。予算的な問題もあるが、何よりも衛生ということが重視されているためであり、海鮮という食材は衛生事故の可能性を考慮せざるを得ない、ということだった。

これまでも各章で何度かふれたように、ＮＲＥ大増には社内衛生基準がある。簡単にいえば、製造してから常温で10時間以上経た状態でも販売できる、雑菌などが繁殖しない調理をする、ということだ。これに従うと、当然ながら生鮮食品がまったく使えなくなる。たとえば、トンカツ弁当につきもののキャベツの千切りでさえ、生の食材ということで使用できない。もちろん、レタスやキュウリ、トマトなどの生野菜を使ったサラダもＮＧ。リンゴやミカンなどをデザートにすることも不可である。それがＮＲＥ大増の駅弁なのだ。そうした状況のなかでは、海鮮素材を主役にした駅弁など、普通に考えればもってのほか、である。

「できるわけがない、衛生検査をどうやって通すの？　検査にパスするなんてありえない」、それが周囲の偽らざる反応だった。

しかし横山は逆境で力を発揮する。

「誰かが先手を打たなければ進まない、だったら自分が進めよう」

このときの気持ちを横山は述懐する。

「最初はね、単純な気持ちだったんです。当時だって、海鮮を使った駅弁は各地にあった。なんとか東京でこれをやってみたい、売れるはずだ。カニ、ウニ、イクラ。嫌いな人は少ないし、メインの食材がはっきりしていて、明確で、インパクトがある。正直なところ、懐石風のものと違ってメインがはっきりしているだけにラクでいいじゃん、なんて気持ちもなかったとはいいません」

しかしハードルは低くはない。素材がもともと値段の張るものだけに、量感で勝負、ということになるととんでもない価格になってしまうだろう。現地から仕入れるにしても流通コストがかかる。そんなことを意識しながら、周囲の懐疑的な視線を浴びつつ、東京発の海鮮弁当へ向けて横山のチャレンジは始まった。

●白くなったイクラ、とろけてしまったウニ

メイン素材はイクラ、カニ、ウニ。そしてホタテとイカ。「北海」からイメージされる食材として、横山のなかにラインナップされたのはこの5種類だった。

実のところ、横山には市販のイクラを加工して使うといった経験はあまりなかった。今回のケースでも、イクラは最も難しそうでもある。ここから始めることにして、加工法を考えた。なにしろ生のままでは使用できないのだ。何らかの加工をして社内の衛生検査を通さなければならない。

最初に試したのは低温でなんとか火を通すよう、工夫を重ねることだった。しかし、どうやっても、イクラの表面が真っ白に変色してしまう。そうして試行錯誤を繰り返すなかで、横山が着目したのはＰＨ調整剤である。これは食品、特に魚肉や魚卵の日持ちを向上させる効果がある。使ってみたらイクラはみごとなルビー色を保ったままであった。喜んだのもつかの間、調整剤の影響でイクラに酸味が出てしまった。酸っぱいイクラでは話にならない。調整剤の効果を保ちつつ、酸味を消す方法を見つけなければならない。

さらに試行錯誤を重ね、煮切り酒でイクラを洗うという調理法にたどり着いた。そこには思わぬ成果もあった。この煮切り酒はイクラ独特の生臭みをも消し、イクラのぷちっとした歯ごたえも活かす効果を出したのだ。

日持ちと食感、まさに一石二鳥の結果を生んだのである。

こうしてイクラについては解決。もちろん検査にも合格した。

次はカニ。イクラで成功したので、同じ方法で試した。まったくダメだった。

「カニは身の繊維が細かいので、ＰＨ調整剤では繊維の奥の菌の処理ができなかったんですね。検査を通らない。ならば、と加熱処理をすると、調理中はいい香りなのに、冷めてみるとスカスカ、パサパサ。頭を抱えました」

そんな苦悩の日々のなかで横山がふと思いついたのは、煮汁を利用することだった。カニの身は繊維が細かいので、どうしても汁を含むことになる。これをそのままご飯にのせると、水分が染み出してご飯がべとべとになる。汁もれの原因にもなりかねない。そうしたことを考慮して、それまでは水分を絞ってからご飯にのせるということをやっていた。実はこれが、身がパサパサになる一因となっていたのだ。

横山は、この汁と日本酒を合わせて煮切り酒にし、これでカニの身を酒煎りにするという方法を試してみた。

「ビンゴ！　でした。加熱することで殺菌できるし、カニの煮汁で煎るから身肉にカニ本来の風味がしっかりと残る。この処置をすれば、汁気を切ってもパサパサの状態にはならない。やったね、そんな感じでした」

これでメイン素材2種類の目処が立った。あとはウニである。が、これもひと筋縄ではいかなかった。

「当時、ウニは生のまま冷凍したものを納品してもらっていたんです。ところがこれを解凍して、火を通すと、とろけてしまって固形のウニの形にならない。見た目はカスタードクリームみたいな状態でした。料亭の仕事だと、新鮮なウニを仕入れて調理しますから、私自身、冷凍ウニは未経験。こんな状態になるとは思いもよりませんでした」

結論をいうと、ウニは、漁をした現地で新鮮なまま蒸してもらい、蒸しウニとして納品してもらうことで解決した。

次はホタテ。これは火を通せばいい。煮物にした。

そしてイカ。これは黄金和えなどいろいろ試した結果、麹漬けが検査に通ったので、これに落ち着いた。

「検査に通らないからこの食材はやめよう、という気持ちはありませんでした。ウニ、カニ、イクラ、そしてホタテとイカ。自分のなかでこの5種類は絶対必要という思いがありましたから。ダメならやめる、ではなく、ＯＫが出るまで何度でもトライする。そうしなかったら、周囲の反対をおして始めた意味がありません」

●「東京発」の「北海」の弁当にするために

たとえば料亭では、東京の店であっても「大間（青森県）のマグロ」とか「関（大分県）サバ」など、日本各地の素材をそのときどきで客に出すのはいたって普通だ。料亭出身の横山にもこの感覚はあった。しかし駅弁の場合は「その土地の素材を活かす」といった考えが根強くあるのも否定できない。「なぜ東京で北海道の味を売るのか」といった声があったのも事実だ。横山は言う。

「北海道の駅弁を作るんじゃない、東京で北海の味を提供するんです」。そう反論した。「吹き寄せ」や「大人の休日」「極附」などで得た経験が、横山に自信を持たせてくれた。

「ならば、『北海道ではない、東京発の海鮮』を強調すればいい、そう考えて」

そこで、盛り付けられた外見からは海鮮食材とはわかりにくい献立にも工夫をした。フライはホタテ。唐揚げはエイひれ。

「トンカツと思ったらホタテフライだ、鶏の唐揚げと思ったらエイひれだ、そうか、北海味メッセだ。お客様がそんなふうに驚いてくれたら、みたいないたずら心ですね」

あとはイカの射込み煮や野菜の煮物を箸休め的な感覚で添えた。これも「北海道の弁当ではない」という意識ゆえという。

ちらし寿司のような華やかさを見せる「北海味メッセ」は横山独自の開発

そして、容器。当時、駅弁としては珍しい小判型の弁当箱は、メーカーへの特注品である。他社の駅弁でもあまりポピュラーではない形の弁当箱だ。これは横山のとんでもない発想が背景となっていた。

「たまたまテレビで『徳川の埋蔵金』といった番組を見たんですよ。ぼんやり見ていて。そうか、埋蔵金か。大判小判がざっくざく、いいなあ、あ、でも徳川幕府は江戸だよな、そうか、これも『東京発』だ、って」

こうして創意と工夫の積み重ねから誕生した「北海味メッセ」。一見したところ、まるでちらし寿司のようにすら見える。しかし実際のところ生鮮食材はいっさい使わず、すべて手を加えた食材である。それなのに、寿司店で食べる海鮮丼のようなワクワク感を感じさせる。そして、海の幸をいただくという満足感は損なわれることがない。

そして発売された「北海味メッセ」。それなりに売れた。だが、1700円という価格がネックになったのか、爆発的な人気というわけではなかった。しかし、価格はどうしようもない。横山としては、当初、海鮮をドーンとメインにした弁当を考えていた。しかし、仕入れ交渉をするうちにこれは無理ということになった。それでも1200円程度の価格にできないか、と模索をしたが、試算すると1200円ではボリューム的に非常に見劣りがすることがわかった。1200円の価格で作るとなると、弁当箱はおそらく幅15センチくらいにしかならない。1200円もするのにこんな小さな弁当なのか、そういったクレームがくることは十分予想できた。そうしたことがあっての1700円だったのだが、販売数は1日平均200個前後であった。コンスタントに売れてはいるが、大ヒットではない。数字が横ばいということもあって、リニューアルを迫られた。

●価格を下げたのに低迷、そして再び改良して人気商品へ

「北海味メッセ」のリニューアルは2008年5月。1700円という価格を下げるというのが趣旨だった。この価格の一因になっていたのは、特注の小判型の容器である。そこでコストの安

い八角形の容器に変えた。内容も多少の見直しをした。当初は添えられていた「料理長のお品書き」もやめて、コストを削減した。そして価格は1500円になった。

「いきなり売れなくなりました。値下げしたのにどうして？　と思いましたね」

「北海味メッセ」は、もともと1700円という、駅弁としては高価格の商品である。これを購入していたのは、比較的財布に余裕のある層だ。そうした客層からみると、たかだか200円の値下げは購入のきっかけとなるほど大きな意味はない。むしろ価格が下がったことが企業努力の結果ではなく、質の低下と映ったのだ。その反面、「駅弁で1700円は高い」と思っていた層には、1500円の駅弁は相変わらず高価格の駅弁のままで、購入意欲には結びつかなかったのだ。

「このままではジリ貧になる」。横山はあせった。販売サイドからの「小判型でないと売れないです」といった声もあって、小判型の容器を復活させることにした。ただ、弁当箱の仕切り板は八角形の容器のものを応用することにした。仕切り板を変えたためコストダウンができ、小判型の容器のコストをカバーすることができた。また、当初は入れていたデザートはやめることにした。彩りを強調するため、盛り付けも変えた。こうして、新しい北海味メッセが完成した。

「不思議でした。価格は値下げした1500円のままでしたのに、容器を小判型に戻したとたん、売れ出したんです」

この「北海味メッセ」という弁当は、ほかの弁当よりはるかに手間と人手がかかる。たとえば盛り付けにしても、「吹き寄せ」ならば15人前後でできる作業が、「北海味メッセ」は20人くらい人手が必要なのだ。それは食材が1個1個ではなく、グラム単位で計量して盛り付けなければならないため。たとえば「吹き寄せ」に用いられる煮物なら、一人の担当者がニンジンと里芋の2品を盛ることができる。ところがイクラやカニ、ウニは「これは5グラム、これは15グラム」などと、いちいち計量してから盛り付ける。これでは一人で1品しか扱えない。それゆえに手間と人手がかかるのだ。

「正直なところ、自分で企画して完成させた駅弁なのに、年末年始とかの忙しいときには、やめてしまってほかの駅弁に人手をまわしたい、なんて思ったこともあります。そのくらい手間がかかるんです。でもこれを楽しみにしているお客様がいることがわかっていますから、目が回る忙しさであっても絶対にやめられません」

横山は言う。

「してやったり、というか、そんな思いがある弁当です。企画したときには誰も賛成しなかった。製造の現場は『そんな危ないものはやりたくない』と。販売サイドも食材の仕入れ価格から難色を示していました。思い出してみると、最初に『吹き寄せ』を作ったときは、製造現場の反対はあったけれど、工場長など幹部は後押ししてくれていました。でも、この『北海味メッセ』はほとんどの幹部が反対していたんです。さすがの表社長も心配していました。まさに孤立無援、そんな四面楚歌のなかで作り上げて、それなりの結果が出せたんです。快感でしたね」

第7章

航海は続く

未来へと続く「駅弁革命」

●アイデアが出てこない……。スランプに陥った日々

2003年は日本ばし大増との合併、究極の駅弁「極附弁当」の成功と、横山を取り巻く状況がめまぐるしく動いた年であった。この年、売上げは5年ぶりに50億円を超え、対前年比141パーセントを記録。2004年には売上が70億円を突破、2000年に比べ、150パーセント強の伸びに達した。「駅弁革命」が、単に新しい駅弁を出して話題になったという現象面だけでなく、数字の上でも、成功したことが実証されたのである。

横山自身の仕事環境も変わっていった。これまでも駅弁開発に関わっていたとはいえ、あくまで東京弥生会館の料亭の仕事がメインだったのが、当時の表社長からの要請もあって比重が逆転。NRE大増に初めて横山の机が置かれ、駅弁の開発、改善、調理が主な仕事になっていく。それに対して、料理人横山としての不安や不満はなかったのだろうか？

「それまでは午前中が弁当の工場、午後は料亭でした。毎日、料亭で出す懐石の献立を考え、駅弁のアイデアを練ったり、試作品を作る。懐石に凝り固まるとか、駅弁に凝り固まるとか、そういう意識はなかった。というか、どれも期限のある仕事だったので、凝り固まる余裕なんてありませんでした。でも、徐々に弁当の仕事の比率が高くなっていき、気分が重たくならなかったと

いってしまうと嘘になりますが（笑）」

ＮＲＥ大増という組織の一員でもある横山は、「やるしかない」と素直に現状を受け入れたのである。実際、横山の力は必要とされていた。駅弁革命は「極附弁当」を世に送り出した２００３年でクライマックスを迎えたわけではない。革命というものは「継続」という力が加わらなければ、将来につながる成果は得られない。ＮＲＥ駅弁革命元年にあたる２０００年から、２００３年の「極附弁当」発売までの3年間で売り出された数々の高付加価値駅弁を安定して売れる商品に育て、さらに進化させていくこと。そして、今後も魅力ある駅弁を開発していくこと。横山に課せられた責務、寄せられた期待はますます大きくなっていった。

季節ごとに内容を変える「吹き寄せ」などのリニューアル案は、常に考えていてしかるべきものだが、そのほかにも横山への開発要請は増していき、常時複数の案件を抱える身になっていた。

「いついつまでに試作品を作ってほしい」

「期間限定のこういう駅弁商品を考えてもらえないでしょうか？」

「このイベントとタイアップした駅弁を作って欲しい」

次々とくる要請に応え、新作を考案して売り出した。が、販売個数が思っていた以上に伸びていかず、「季節の吹き寄せ弁当」「東京弁当」に匹敵するようなヒット駅弁は生まれてこなかった。

ましてや究極の駅弁「極附弁当」のインパクトを上回る駅弁など望むべくもなく、横山は思い悩んだ。

「駅弁に関わるようになって最初のころもかなり悩んでいます。ただそのころの苦しみは、自分自身が駅弁というものをよく理解していなかったがための苦しみでした。自分が考えた駅弁が形になって、それが評判になったかどうかは別として、お客様に買って食べていただいているとなったとき、お客様のことをもっと考えて作らなければ、と思うようになった。お客様は今、どういうものを食べたいのか、どんな駅弁を求めているのか。やはり地域性を強く出さないと、駅弁とは見てもらえないんだろうか、駅弁って何だろう……ものすごく悩むようになりました」

「吹き寄せ」などのお品書きに「日本ばし大増総料理長」として、横山の名前が印刷されるようになったのもちょうどそのころからだ。これは会社の方針による決定であって、横山個人は「駅弁は、現場のスタッフみんなで力を合わせて作っているものだから……」と、かなり戸惑いを感じたというが、本人の気持ちはどうであれ、お品書きの総料理長の記名はいやがおうでも目を引く。メールなどで名指しで感想を送ってくる客もいたり、名指しのクレームもくるようになり、不特定多数の人の間に自分の名前が広まっている事実を受け入れていくほかなかったのである。

　そうした環境の変化により、知らず知らずのうちに消耗していたのだろうか。気がつくと、新作や料理のアイデアがまるで浮かんでこなくなっていた。駅弁製造ならではの食材や調理法の制約も、それをクリアすることに面白さを感じていたころの勢いは影をひそめ、越えても越え切れない壁のように思えてきた。不屈の男、横山がスランプに陥ったのだ。

「一番きつい時期でした。それが1年ぐらい続いたでしょうか。駅弁は特殊な仕事なので、料理人仲間に相談しても答えは見つかりません。自分で突き進むしかなかった。食材や調味料のセミナー、工場向けの調理機器の展示会など、プラスになる情報が得られそうだと思えば、どんどん出かけていきました」

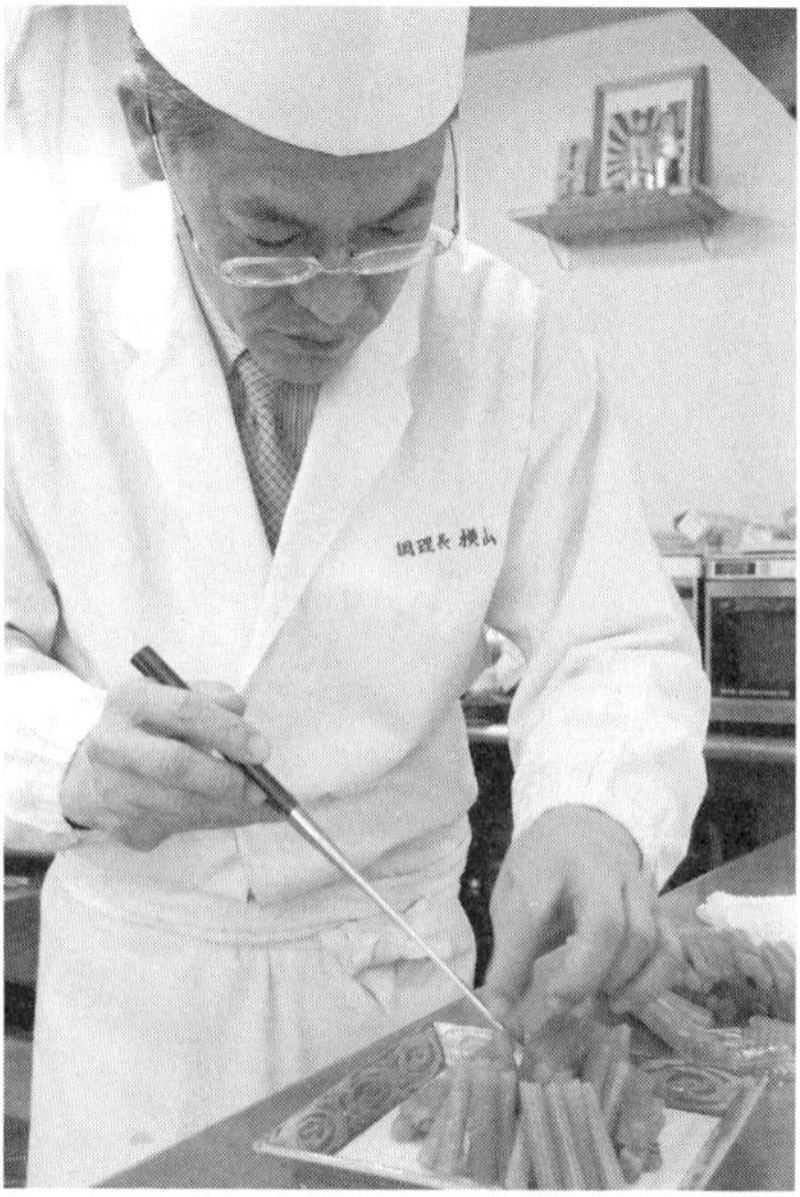

駅弁に行き詰まったら、料亭に戻る。料亭の仕事は横山の原点

そんな時期に横山を支えたのは、懐石料理だった。

「駅弁の仕事に支障のない範囲で、弥生会館の料亭に行かせてもらいました。料理人の原点に帰るために、思い切り懐石料理を作ることに没頭しようと思ったんです。気分転換を兼ねてマグロの解体ショーを発案して、お客様の前で包丁を握ったりもしていました」

以前作った懐石料理の献立を記録したノートも読み返してみた。すると、「駅弁にも応用できそうな料理があったり、季節感を表現するうえでヒントがあったり。アイデアが浮かんでくるようになったんです」。

横山にとって、やはり懐石料理は拠りどころといってもいい存在なのだろう。「いろいろな方に懐石を教えていただき、基本の技術を身につけていたから、駅弁のメニューや調理法、盛り付けを考えることができていると思う」と、彼は今、語っている。

●新定番駅弁に成長した「季節の吹き寄せ弁当」

横山がそもそもアイデア枯渇状態になってしまったのは、妥協することなく、誠実に駅弁作りに向き合っていたからこそ、起きてしまったとも考えられる。

新作駅弁を生み出すには、当然のことながらひらめきとか発想とか、調理の知識、技術が必要となるのだが、横山は「一番難しいのは『吹き寄せ』や『大人の休日弁当』といった、シリーズもののリニューアル」と話す。シリーズもの、つまり季節ごとに内容を変えるというコンセプトの駅弁なので、「春に食べたから秋も」というリピーターも多く、そういった固定ファン的な客にも満足してもらえる内容にすることがリニューアルポイントとなっている。とすると、横山に求められるのは、「同じ季節でも、去年のものとは違う新しさを加えること」、そして、販売個数という結果をコンスタントに出すこと。この2つを両立させ続けなければならないわけで、「プレッシャーでもある」と横山は言う。

「吹き寄せ」は2004年の時点で「初夏版」も加わり、年5回（春・初夏・夏・秋・冬）のリニューアルとなっていたから、そのつど、試行錯誤をすることになる。以前と同じようなものを作っていれば楽なのかもしれないが、それはプロとしてのプライドが許さない。「春」なら「新しい春」へ、「秋」なら「昨シーズンと異なる秋」へ。そうして自らハードルを高くしてしまって、越えられなくて悩む……。そんなジレンマを常に抱えるようになっていた。

「最初、2000年9月に発売した『吹き寄せ　秋露のささやき』から、去年よりは今年、という思いで作ってはいるんですが、3年くらいたったとき、やはり慣れというか、インパクトが薄れてしまっている、と感じました」

発売当時に比べて、販売個数も下がり、NREで販売する駅弁のベスト10からはずれることもあったという。横山は活路を模索し、その結果のスランプ状態であった。

が、彼のスランプ脱出のきっかけを作ったのも、この「吹き寄せ」だった。食関係のセミナーに顔を出したり、自分を育ててくれた「懐石料理」に向き合う時間を増やしていくなかで食材の知識を深めていくことができた。同じ食材でも以前は気づかなかった特性を発見し、駅弁に向く調理法を研究してみようと、新たな創作意欲が湧いてきたのだ。たとえば、海老芋。里芋の一種で、海老のように曲がっていることからこの名があり、関西料理でよく使われる。「普通の里芋に比べると煮崩れしにくい」という特徴があることに改めて着目し、煮物に取り入れるようになった。また「冷めると風味が落ちやすい」と不評をかうこともあった揚げ物の改良にも挑戦した。食材の仕込み法を工夫し、冷めてもおいしい揚げ物に近づける方法をいくつか考案するにいたった。

その結果、一時は人気に陰りがみえた「吹き寄せ」が再び売れるようになり、NREで販売する駅弁の1位にもたびたびランクされたようになる。自信を取り戻した横山は、それまで避けていた、インターネットの駅弁のブログやサイトも見ることができるようになったという。

自分が作った駅弁を買って食べてくれた人がどんな感想を持っているのか、おいしいと思ってもらえたのだろうか。常に客を意識した駅弁作りをしたいと強く思うようになった横山は、「女性のお客様のために、甘いものもあるといいのでは」とのNRE大増の商品開発部スタッフの声を

2009～2010年冬の「吹き寄せ弁当」

取り入れて、「吹き寄せ」の献立にデザートを加えるようになった。

「個人的には芋とか栗とか甘いものは苦手なんですが」と言いながら、初夏の水まんじゅう、春のクッキーシュー、夏のイチジク蜜煮、秋のカスタード葛饅頭などバラエティに富んだデザートを考案し、リピーターのなかには「デザートも楽しみ」という意見を寄せる客も出てきた。

「季節に合ったもので、なおかつ、他の料理との味や色のバランスを考慮して、デザートを決めています」

「吹き寄せ」は、２０１０年秋で発売10周年となる。今も横山が作り手として自身に課しているのは「１品か２品は意外性のあるものを盛り込むこと」。たとえば、２００９年夏の「吹き寄せ」に登場した

「青パパイヤかぼす醤油和え」。パパイヤ自体はそう珍しい食材ではないが、果物ではなく、細切りにして漬け物風に仕立てたところが面白い。青パパイヤはサラダや炒め物にしたり、おかずとして食されている食材ではあるが、駅弁に使用されることはそうあることではない。

現在の「吹き寄せ」は、時期によって変動があるものの、NRE弁当売店で売る駅弁のベスト10の常連となっている。NRE売れ筋分析のデータを目にし、「幕之内弁当」や「深川めし」「鳥めし弁当」といった850〜1000円の定番商品と伍して、いや、ときにはそれらを上回る販売個数で1300円のこの「吹き寄せ」が売れ筋商品となっている。この事実は驚異的ですらある。1300円という価格は安くはないかもしれないが、同じNRE売店で500円の助六寿司よりも売れているという事実。少々高くても、おいしくて楽しめる駅弁であれば、客に買ってもらえる……これこそが「駅弁革命」の成果ともいうべき事象といってもいいだろう。

NRE大増では、同じく1300円の「幸福べんとう」、2000円の「懐石弁当　大人の休日」といった高付加価値弁当を同社の新定番駅弁として位置づけている。

●売行き不振に陥った「大人の休日弁当」、復活・再生へ

横山が「継続」に力を注いだ駅弁といえば、高付加価値弁当の「大人の休日弁当」のことを語

らねばならない。

「大人の休日弁当」を立ち上げたときの状況については、第3章で述べた通りだが、「大人の休日倶楽部」を展開するJR東日本と、藤村俊二とのキャラクター契約が２００４年7月に終了し、同時に駅弁のほうの監修者としての任も降りることになった。ただ、NREとしては２２００円の弁当として「大人の休日弁当」は続けていきたいという意向があった。NREにとってこの弁当はフラッグシップ的な存在であり、簡単にやめるわけにはいかなかったのだ。

その後、２００4年12月、「大人の休日倶楽部」の新キャラクターになった野球評論家・星野仙一監修による「大人の休日弁当」が数カ月販売された。弁当箱が経木、正方形の2段重ねとなり、元プロスポーツ選手ということでボリューム感がアップしたものとなった。

２００5年2月には、弁当箱を再び木製とし、長方形2段重ねにした。箱の高さが低くなり、平面積が増えたため、見た目のボリュームはさらにアップ。しかし、監修者はなし。このころから「大人の休日弁当」は半ば迷走状態のようになっていく。

２００5年9月には、価格を２０００円として「懐石弁当　大人の休日」としてリニューアル。「弁当箱にお金をかけてもしょうがないだろうということで、2段重ねをやめ、紙製容器になりました。２０００円という価格帯のお弁当を残しつつ、採算ベースを考えるとこういう箱になっ

コンパクトな印象の重箱にぎっしりと料理が盛り込まれた、「懐石弁当　大人の休日」。これは2009年冬のもの

てしまう。懐石弁当と謳って、料理の内容的にはそれまでのものと比べても遜色はなかったと思うんですが、藤村さんのときのような、キャラクターとからめての明確なコンセプトがなくなって。『大人の休日』と銘打ってはいるものの、『吹き寄せ』と『幕之内』をあわせて高級化したような印象になってしまいました。お客様からも、『前に出していたものがよかった』という声を何度かいただきました。いろいろな意味で、藤村さんと作ったお弁当を越えることができなかったんです」

このころの「懐石弁当　大人の休日」は、1日の売上げが数十個にまで落ち込んでいた。何としても変えていかなければならない。横山はコンセプトの見直しから始めることにした。そして2007年3月、完全リニューアルの「懐石弁当　大人の休日（春）」が発売された。

「藤村さんのお弁当を意識した、少量多品種、旬のお弁当。でも、藤村さんのような創作料理ではなく、かなり懐石を打ち出した内容にしました。実は、想定としては車中でゆっくりと、できれば2時間くらいかけて食べていただくことを考えたんです。懐石のお座敷では、基本は2時間でお料理を出すという前提で献立を組み立てています。それを意識しました。ですから、ターゲットは女性です。女性の場合、何人かのグループで出かけるケースが少なくないでしょう。そんなときに駅弁をお買いになるとすると、皆さんが同じ品ではなく、いろいろなものを買われるのではないかということで、そうしたときに『やっぱり2000円のお弁当は違うのね』というような感想を持っていただけるようなお弁当。『吹き寄せ』も懐石風のお弁当ですが、グレードアップ感はかなりのものがある、ということで」

ここでようやく横山は、藤村俊二の「大人の休日」ではなく、横山オリジナルの「大人の休日」を完成させることができたようだ。

新しくなった「懐石弁当　大人の休日（春）」は、箱こそ発泡材だが木目をつけて高級感を演出しており、コンパクトな2段重ねになっている。一の重には車海老の艶煮、鮭の味噌漬け焼き、桜海老と塩昆布のかき揚げ、花豆腐黄金揚げ、ナスの木の芽田楽味噌、バイ貝の旨煮など15品。

二の重には「春の煮合せ」としてホタテ、カボチャ、レンコン、ニンジン、タケノコ、京がんもなどの煮物。春を意識して、カボチャは蝶々の形に、レンコンは花びらのように、ニンジンは桜の花のように切って、見た目も華やかな印象に仕上げている。そして、冷たい状態で最上の味わいを求めた有機認証米のご飯は、あえて味付けご飯にしなかった。白いままでご飯を味わってもらおうという意図だ。

ちなみに、一の重と二の重に分けて盛り付けたのには、理由がある。

実はこの弁当は見た目以上のボリュームがある。できれば2時間、せめて1時間くらいかけてゆっくり食べる想定なので、品数が多いのだ。これを1段の弁当箱に詰めると平面積が広がって、それだけで「多すぎる」と思われるかもしれない。そこで、2つの箱に分けた。さらに、箱の縁を高くして、容積は同じでも見た目の印象は「コンパクトに詰まっている」というようにするという工夫も行なっている。

二の重に煮物とご飯を入れたのは、味移りを考慮してのことだ。懐石を強く意識した弁当なので、内容的には、箱を開けたときに最初に目がいくであろう中心部分に八寸（前菜盛り合わせ）、その周りに揚げ物、焼き物、酢の物などを彩りよく並べている。このなかで、酢の物や汁気を含む料理は、ほかの食材とふれあったり、汁気がこぼれたりということがあると、ほかの食材に味移りをしやすいのだ。たとえば煮物やご飯に酢が移ってしまうと、かなり味わいが落ちる。場合によっては「この煮物は酸っぱい。悪くなってるんじゃないか」とさえ思われかねない。これを防ぐには、別々の箱にするのが確実ということになる。一方、揚げ物などは、万が一、酢が移ってしまったとしても風味にさほど影響がない。だから酢の物と揚げ物は隣り合わせで盛り付けることができる。そうしたことを考慮しての2段重ねでもあるのだ。

少量多品種というコンセプトを貫くため、この弁当では、食材の大きさにもこだわった。魚にしても野菜にしても、基本的は箸で簡単に持ち上げられる大きさ。野菜などは「ひと口かふた口で食べきれるサイズ」にこだわっている。箱の中で特定の食材が目立ちすぎないことも意識した。となると、作業的に大変になってくるのは盛り付けである。

味移りのことを考えて、隣り合って盛り付けてもかまわない食材と、同じ箱に詰めるなら、右隅と左隅というようにできるだけ離さなければならない食材。最初にふたを開けたときの色彩。そうしたことを熟考して盛り付けのラフプランを考える。しかし、実際に盛り付けの作業を行なうのは横山ではなく工場の現場スタッフである。

「このお弁当には仕切りがほとんどありません。だから盛り付けのときに、食材が動かないように押さえながら作業する必要があります。器の左側から盛り始めたほうが押さえやすいのか、そ

「懐石弁当　大人の休日」を調製するＮＲＥ大増第２工場

れとも箱の奥からなのか。多品種なので盛っていく順番を変えると最後の1～2品が入るスペースがなくなったり、ということもありえます。酢の物のようなカップに入れた食材は、早い段階で入れるとカップの縁が邪魔になってほかの食材が入れられなくなる。軟らかくて崩れやすいものは先に盛ると崩れてしまう可能性がある。串に刺した料理は串が作業の邪魔になるので最後にする。盛り付け手順を決めるために考えなければならないことは非常に多いんです」

まるで料理のジグソーパズルである。それを、工場のスタッフはベルトコンベアにのって動いている弁当箱に対して行なうのだ。そのために、現場で盛り付けの試作が行なわれる。横山の盛り付けプランに従って現場で盛り付けてみて、作業に支障があれ

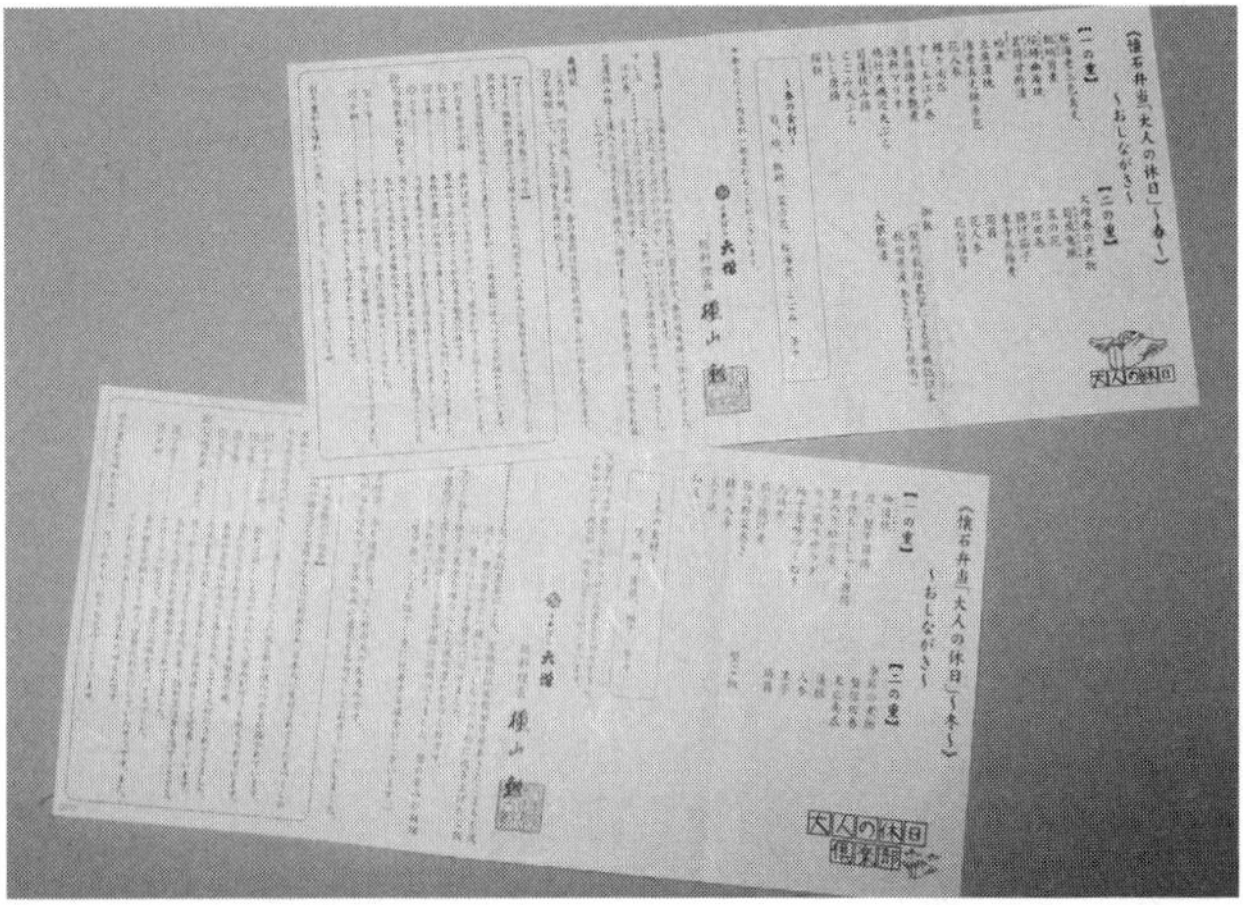

「懐石弁当　大人の休日」のお品書き

ばすぐにプランを変更し、再び盛り付けてみる。このような現場から横山へのフィードバックを何度も繰り返して、ようやく最終形が決まるのだ。

この弁当にも、もちろん「お品書き」が欠かせない。

「これだけ多品種になると、お客様も『これは何だろう』という興味が湧いてくるんですね。それで、一品一品確かめながら召し上がっていただくと、それだけでゆっくり時間をかけていただけるんです。それと、お客様もある程度味を想像しながら食べているんですね。煮物は醤油とダシと砂糖の味とか、酢の物は酸っぱいとか。それを裏切らないようにしないと。揚げ物の風味が塩味と思ったらユズ風味だった、なんてのはいい意味の裏切りですが、『おかずだと思って食べたら甘味だった』といったことは避けないと。食べることそのものを楽しんでいただくために、お品書きは必要なんです」

こうして「大人の休日弁当」は「懐石弁当　大人の休日」に生まれ変わった。名前こそ「大人の休日」を引き継いでいるが、弁当名以外はすべて別もので、実質的にはまったく新しい弁当になった。販売数も1日150～200個と、いい数字になっている。藤村俊二のころの「大人の休日弁当」を知っていた客がリピートしてきたことだけではなく、それを知らなかった人々が新たに高級駅弁として認識、買い求めるようになった、ということのようだ。

「吹き寄せ」と並んでNREの新定番商品となった高付加価値弁当の「懐石弁当　大人の休日」。季節ごとの旬を、ということで年に4回、春夏秋冬ごとに内容を一新するというこだわりを貫きつつ、現在もNREの弁当のフラッグシップとしての存在感を感じさせている。

●ヘルシー志向の駅弁を売れ筋商品に

駅弁革命がスタートして以来、現在まで主力商品のひとつとして位置づけられてきた商品がある。それは、ヘルシー志向の駅弁だ。NREが掲げる「フレッシュ＆ヘルシー」のもとでリニューアルや新商品の開発が重ねられ、商品ラインナップの柱のひとつになっている。

現在、NRE売店で扱う全駅弁のなかの売れ筋トップ5に入る人気商品の「30品目バランス弁

オフィスでの昼食としての需要もあるという「30品目バランス弁当」

当」（８５０円）もヘルシー志向の駅弁。その名の通り、30品目の食品をバランスよく食べられるというコンセプトの駅弁で、ひじき煮、鶏そぼろあんかけ、赤魚白醤油焼き、コンニャクやゴボウ、がんもなどの煮物、レンコンのきんぴら、五目ご飯などの料理が盛り込まれて６６６カロリー。季節ごとに旬の野菜を入れる「たっぷり野菜弁当」（８５０円）も人気があり、厚生労働省が1日に必要と推奨している３５０グラムの半分に相当する１８０グラムの野菜が入っているというのがセールスポイントだ。

　こうしたヘルシー志向の駅弁開発で中心的な役割を果たしているのはＮＲＥ大増の商品開発部に所属する栄養士、管理栄養士の女性たちであるが、そこで商品開発部の部長として、またプロの料理人として彼女たちを手助けしているのが横山である。

「メニューの内容やレシピを考えたり、栄養価の計算をするのが栄養士。私は食材探しや調理、盛り付けのアドバイスをしています。特に食材の色のバランスについてですね。どうしても同じ系統の色調でまとめてしまいがちなんですけど、『ふたを開けた瞬間にお客様の目に入りやすい色を上手に加えるように』『赤系のなかに黒を使うと、しまった印象になりますよ』とか、そういうことを教えています。健康志向の弁当でも、出来上がったときの見た目のよさには、こだわらないと」

今はサポート役に徹している横山だが、「30品目バランス弁当」を立ち上げる際には、商品開発担当の栄養士とともに開発に携わっている。ちなみに「30品目」というのは、旧厚生省（現・厚生労働省）が1985年に発表した「健康づくりのための食生活指針」のなかで「一日30食品の摂取を目標に」と提唱したことに由来する。一日30食品を摂るようにすれば、必要な栄養素をバランスよく摂取できるということで推奨されたものだが、厚生労働省などが2000年にまとめた「食生活指針」では、「主食、主菜、副菜を基本に食事のバランスを」「多様な食品を組み合わせましょう」などといった表現になり、「一日30食品」という文言は消えてしまっている。「30」という数字ばかりにこだわり、食べ過ぎてしまうケースもあるため、厚生労働省では数字の表示を見合わせることにしたという。

それはさておいて、「30品目」という数字は具体的でわかりやすいため、それを冠したネーミングの駅弁となった。

「開発のときに苦労したのは食材選びでしょうか。栄養バランスがとれていることはもちろんですが、多くのお客様が『これはヘルシーだ』と感じてくれる食材でなければならないと思いました。そうなるとサツマイモとかが選ばれてしまうんですが、私自身は芋類が苦手なもんで（笑）。そういう個人的な好みもあって、喧々囂々やりました」

ヘルシーな駅弁がテーマなので、調理方法の工夫も必要になってくる。かといって、さっぱりした味付けばかりで、全体的に風味も口あたりも単調になってしまうようだと、客は食べている途中で飽きて残してしまうかもしれない。そのあたりをどうするか。横山の出番だった。

「健康を考えた弁当なのに、食べてみたらこってりしていました、というのはダメです。だからといって煮炊きだけで仕上げていては、味のメリハリを出しにくいので、食材によっては、『油ちょう』という油を通す方法を用い、変化をつけています。たとえば、カボチャ。油ちょうをしてからしっかり炊くことでうまみを逃がすことなく、色もきれいに仕上がります」

こうして２００４年10月に発売になった「30品目バランス弁当」は、容器のデザインも含めて２〜３回ほどリニューアルをかけ、今では１日あたり平均１０００個前後は売れる商品になっている。850円という手ごろな価格で多彩なおかずを楽しめて、しかも栄養面も考慮されていることが人気の理由だろう。200個売れればヒットとみるNREの駅弁のなかで、安定した売行きである。もとは20代から30代の女性を主なターゲットにした駅弁だが、実際の購入客の年齢層は幅広く、男性も多いという。メタボ検診(特定健診・特定保健指導)の制度が2008年に始まるなど、社会的に健康への関心が高まっていることも追い風になっているようだ。

ちなみにNRE大増の駅弁には、総カロリーなどの栄養成分、原材料名、内容量、消費期限、食材名、添加物、アレルギー物質などの品質情報が表示されている。それら商品表示の業務を担当しているのは栄養士、管理栄養士である。

「特にアレルギー物質の表示は、非常に緻密で難度の高い業務です。弁当のなかで、全体のイメージは同じままで野菜を1品だけ別のものに替える、ということもあるんです。掛け紙やお品書きなら『都合により内容が一部変わることがあります』とひとこと入れておけば対処できます。でも、表示ラベルは、そのつど、作り直しです。それをこなしている栄養士たちは素晴らしいと思いますよ」と、横山は話している。

ヘルシー志向の駅弁は、今後、どんな可能性があるのだろう?

「アイデア次第で面白い駅弁ができると思います。個人的にやってみたいのは、伝統的な野菜を使った料理を盛り合わせた駅弁。たとえば、伊勢志摩地方の名産に伊勢たくあんというものがあります。これは地ものの大根で作るたくあんで、健康志向の弁当に使うなら塩分を抜く必要はあると思いますが、和え物にして色と歯ざわりを楽しめる料理にするなど構想を練っています」

もうひとつのアイデアも披露してもらった。それは舶来野菜の駅弁という。

「イタリア野菜の黒丸大根やロマネスコカリフラワー、中国野菜の紅心《こうしん》大根など、比較的最近、日本に入ってきた野菜だけで作る弁当です。世の中、国産志向が強いことは承知しているんですが、逆行してみるのも面白いかなと。もちろん、産地証明がとれる確かな食材しか使いません」

横山のアイデアは駅弁という枠を越え、縦横無尽に広がっている。

「今は駅の中にもたくさんの飲食店があって、お弁当がテイクアウトできる店もたくさんありま す。そういうなかで競合していけるような商品を出していかなければ」と、横山は言う。この「30品目バランス弁当」や「たっぷり野菜弁当」は、駅弁である以上、列車の中で食べることが大前提ではあるが、実は駅周辺のオフィスで働くＯＬなどの昼食として、つまり日常食としての需要も視野に入れている。これも東京圏の新しい駅弁のスタイルといえるだろう。

●販売サイドからの要望でスタートした「牛肉弁当」のリニューアル

２０１０年１月現在、ＮＲＥで発売している駅弁のなかで、ベスト５に入る安定的な人気の駅弁に「牛肉弁当」（１０００円）がある。いわばＮＲＥのラインナップでは３割打者、クリーンナップといっていい存在だ。だが実のところ、この弁当はかつて、ある意味問題児だったのだ。それを全面的にリニューアルしたのも横山である。２００８年５月のことであった。

それ以前の牛肉弁当は、牛肉をすき焼き風の味付けにして、シイタケやゴボウなども加えてご飯にのせた牛丼風の弁当。ボリューム感もあり、売れていないということではないのだが「売れてはいるけれど人気があるわけではない」という状態。味については「正直、再考の余地があった」という。

実はこの「牛肉弁当」のリニューアルは、横山の提案ではなく、販売の現場からの要望に応えるものだった。

牛肉の弁当は人気のジャンルである。それはＮＲＥの駅弁に限ったことではない。全国各地の駅で牛肉の弁当は数多く発売されている。味付けは牛丼をイメージさせるすき焼き風が多いが、焼き肉風やそぼろ、しぐれ煮などバラエティにも富んでいる。ブランド牛肉の銘柄を大きく謳ったものもあれば、土地の名産として有名なブランド牛が知られた駅の弁当なのに、駅弁に使われているのはそのブランド牛ではない、という例もある。リニューアルにあたって、横山も当然そうした他社の商品は意識をした。

「二番煎じはやりたくない、やるからには何か違ったものにしたい」

●国産へのこだわりを捨てて誕生した極上の味わい

「リニューアル前の『牛肉弁当』を食べてみると、うーん、どうだろう、といった感がありました。はっきりいうと、肉の質が今ひとつなんです。調べてみたら、国産牛肉にこだわったため、価格との折り合いで、肉のランクとしてはかなり低ランクのものを使わざるを得ない、という状況だったんですね。なんだ、そんなことか、と思いました」

調理法も検討の余地があった。肉をタレでからめてから加熱するのだが、低ランクの肉を使っているため、冷めてくると、ジューシーな味わいはまったく失われて筋っぽさだけが残る、そんな状態になってしまっていたのだという。

それだけに、答えはシンプルだった。「肉のランクを上げればいい」。しかし、予算というものがある。それを横山は簡単に解決した。それは「国産肉にこだわって低ランクの肉にするくらいなら、同じ値段でずっと高級な輸入肉にすればいい」というもの。いかにも横山らしい、まさに逆転の発想である。

輸入肉よりも国産肉、という神話が多くの人々の間にあるのは事実だ。しかし、横山は「よりおいしい肉」にこだわった。

「安全に関して確実な証明が取れるのであれば、国産でも輸入肉でもこだわる必要はない。ならば一番おいしいと思った肉を使うべきだ」

リニューアルにあたって集めた候補の牛肉は8種類にも及んだ。それも、オージービーフ、アメリカの牛肉などの輸入肉だけでなく、国産牛も比較の対象にした。肉牛用に飼育されたものだけでなく、乳牛が肉牛に転用されたもの、交雑種など複数種を試してみた。アメリカからの輸入肉も3種類を試した。仕入れの価格帯はもちろんだったが、もっとも重視したのは「冷めたときの風味」である。

そうしてテストを繰り返した結果、冷めても肉がしなやかな軟らかさを保っており、臭みも少なかったのは、アメリカ産の輸入肉だった。また、それまで使用していた国産の低ランクの肉は脂が少なくパサパサとしていたのだが、輸入肉はランクが上がっただけに脂ののり方も申し分なし、だったという。

「業者の選定を含めて、肉を決めるのに最も時間がかかりました。肉が決まればあとは調理法です。これは試作を繰り返せばいい」

●冷たい肉と冷めたご飯をいかにおいしく食べさせるか

横山は簡単にいうが、実際には完成にいたるまでは紆余曲折があった。現在の「牛肉弁当」は牛肉のすき焼き煮になっているが、当初は焼き肉風の味付けも考えた。

「肉の質がよかったので、焼き肉もありかと思ったのですが、焼き肉風の調理をして、冷たくなった肉を、冷たいご飯と合わせるのはかなり難しいと思ったんです。しかし、すき焼き風だと汁もあるので、冷たくても肉を丸ごと食べている感覚があって。それですき焼き煮にすることにしました」

これまで何度か記述しているように、横山は「冷めてもおいしいご飯とおかず」にこだわって駅弁を作ってきた。そしてそれは「冷めてもおいしい」から「冷たいときが最もおいしい」へと昇華した。たとえばご飯については、米を水に浸す時間を変えるなど試行錯誤を重ね、「冷めたときにおいしくなるご飯の炊き方」を実現した。

そして、弁当の主役となる牛肉。家庭ですき焼きを作って残ると、冷めたときには肉の脂肪分が固まってしまい、肉も硬くなりがちなものだが、これは調理法でカバーした。まず、肉を蒸し器にかけて余分な脂を落とす。といっても、脂を落とし過ぎると肉の旨みが逃げてしまう。旨みを逃さず脂を落とすタイミングを見極めるまで何度も何度も試作を繰り返した。

こうして適量に脂を抜いた肉をタレと一緒に袋に充填し、そのまま加熱を行なう。これによって殺菌と同時に調味ができるのだ。そして、盛り付けるときに、再度、別のタレをからめる。

付け合わせは味付け卵。そして、牛肉の味をストレートにアピールしたくて、シイタケやゴボウなどはやめて、シンプルにタマネギとコンニャクにした。ほかに箸休めの漬け物と、彩りでニンジンとシシトウ。

「すき焼き風にしようとして、すぐに思ったのは卵でした。すき焼きに溶き卵は欠かせませんから。でも、他社ではあったのかもしれませんが、当社の規定で生卵を入れるわけにはいかない。せめて半熟状態に近い卵をと思ったんです。それで味付けの卵をつけました」

これらを「ご飯が見えないように」意識して盛り付けた。

「現場のスタッフには、盛り付けのときにご飯の白い色が見えないように努めてください、と言っています。同じ量の牛肉でも、盛り付けによって、見た目の印象は、牛肉がびっしりにも、その逆にもなるんです。でも、こうした盛り付けは低ランクの肉ではできなかった。上質の肉は冷めても軟らかい状態を保っているので、このような工夫が可能になったんです」

こうして調理された「牛肉弁当」は、ご飯の上に牛肉のすき焼き煮をのせるという、一見したところ「牛丼」というイメージの弁当であることには変わりはなかった。だが「冷たい状態で食べる」ことを徹頭徹尾意識していることが、大きな変化である。

これはこの「牛肉弁当」に限ったことではなく、横山が手がけた駅弁の多くについていえるのだが、横山の駅弁の多くは、温めることは想定していない。

駅弁には、「温かい弁当を」と何度も模索してきた歴史がある。一般的にいって、冷たいご飯はパサパサ、ごわごわになりがちであり、冷めた煮物や冷たい揚げ物はやはり敬遠されがちだ。こうしたことが「駅弁は高くてまずい」と言われてきたひとつの理由であることは否定できない。ならば、冷たいご飯を温めればいい。そうした発想から作られた、温めて食べる駅弁も存在する。2010年1月現在NREで売られている弁当としては「うなぎ弁当」がそうだ。このように温めて食べるというのも、ひとつの選択肢ではある。

しかし横山は、このうなぎ弁当のような例外を除いて、駅弁に対する基本姿勢として「温める」という選択肢は、きっぱりと捨てた。「冷たいご飯と冷たいおかずを、いかにおいしく食べさせるか」という命題に対し、横山がたどり着いた結論は、「冷たい料理をおいしく食べるためのレシピを完成させること」だった。冷たいご飯がパサパサ、ごわごわになりがちならば、そうならない炊き方を考える。冷めた煮物や冷たい揚げ物はやはり敬遠されがちなら、冷めてもおいしい煮物や揚げ物のレシピを徹底的に追求する。できるまで何度でもトライする。それは「できたてのホカホカ」との訣別であり、「駅弁革命」のひとつの答えでもあった。

だから、この牛肉弁当をはじめ、「吹き寄せ」「大人の休日」「東京弁当」などは、温めてはいけない。もちろん、列車の中で食べるなら弁当を温める手段はないが、自宅へ持ち帰って食べるという場合も「電子レンジでチン」をやってはいけないのだ。このことがコンビニ弁当や持ち帰り弁当店の弁当と大きく異なる点であり、横山が手がけた駅弁が、弁当産業のなかで独自のポジションを確立した理由のひとつでもある。

●新たな定番弁当へ大きく一歩を踏み出す

横山はこの「牛肉弁当」に、さらにひと工夫を加えた。それは、食べる直前にもう一度、客の手でタレをかけるということである。

「肉を選んでいるときに同時進行でタレも研究していました。そして、白神山地の水で栽培した大豆、もちろん遺伝子組み換えではない豆で作った醤油があることを知ったんです。生産量が少なくて希少価値もある。何より白神山地の水、というキーワードがいい。これを使いたい、そう思いました」

この醤油だけでも「特別なもの」といった印象があるのだから、これをベースにするのなら、ほかにもスペシャルなものを、ということで和三盆《わさんぼん》を使うことにした。和三盆といえば、徳島県が主な産地で、和菓子などに用いられることが多いが、現在も伝統的な製法を守って作られている、最高級ランクの砂糖だ。これによってタレの高級感が一層高まった。ならば、これは掛け紙に大きく書いてアピールしよう、ということになる。そこでタレは「秘伝のタレ」と銘打ってあえて別添えにした。

「お客様の手で、別添えのタレを食べる直前にかけることで、お客様がご自身で味の微調整ができるし、秘伝のタレ、というスペシャルな印象をより強くアピールできる。決まったな、と思いました」

掛け紙はスリーブ（厚紙を筒状にしたもの）にした。意識したのは開けたときのインパクト。そして、意外なことに「箸」の存在だった。

業務用の割り箸は量産品であり、寸法が決まっている。駅弁のように箸袋に封入されたタイプで一般的に流通しているのは、箸袋の長さによって6寸（約18センチ）、7寸（約21センチ）、8寸（約24センチ）の3種類だ。これは箸袋の長さなので、実際の箸の長さはこれよりも2センチ前後短いものになる。そして、端的にいうと、箸は短すぎると使いにくいのだ。このためNRE大増の駅弁には現在、6寸の箸袋は原則として使われていない。駅弁の多くは7寸を、「大人の休日」などの高級駅弁は8寸を使っている。

しかし、駅弁の場合、長い箸を使うとパッケージングの問題が生じる。

ひとつは箸の落下防止ということ。列車内で駅弁を食べようとしたら箸がなかった、という状況は、原因が何であれ致命的である。販売店へ納入する以前に箸が紛失する事態などはもってのほかだし、購入した客が持ち運ぶ途中で箸を落としてしまうということも想定する必要がある。弁当が消費者の手に渡り、食べる直前まで、箸は確実に駅弁に添えられていなければならないのだ。したがって、可能ならば箸は箱の内側に収めておくのがいい、ということになる。ふたを開けると箸が入っている、というタイプだ。

ところが、箸を長いものにすると、箱の内側に箸が収まらない場合がある。となると、箱の外側に箸を添えることになるのだが、箱の大きさより長い箸が箱の左右にはみ出すと、邪魔になるし、落下事故も生じやすい。これを避けるためには、弁当の箱に対して対角線上に箸を添える方

「牛肉弁当」は一度食べると多くの人がファンになってリピーターになるという

法が取られることが多いが、こうすると箸の部分の凹凸が顕著になって、販売店で駅弁を積み重ねたときに不安定になってしまう。販売の現場で商品を扱いにくくなるのだ。

また、掛け紙を一枚の紙にして箱を包んでゴムなどでとめる形式だと、掛け紙の隙間から箸が落ちてしまう可能性もある。そうした問題を解消するため、横山が「牛肉弁当」で選んだのが、スリーブ形式なのだ。筒状の厚紙で弁当箱全体を包むから、箱と厚紙の間に箸をしっかり挟むことができる。箸は落下しにくいし、厚紙でカバーされるので積み重ねの際に不安定になることもない。

こうしてみると、すでに販売していた商品のリニューアルといっても、横山の行なった仕事は、実質的にはまったく新しい弁当の開発に近いものだったことがわかる。横山にとって「駅弁革命」は、当初は「味へのこだわり」が大きな柱だった。しかしこの「牛肉弁当」では、味へのこだわりはもちろん、客の食べやすさを意識してパッケージにこだわり、販売の現場での扱いやすさにも考慮した。「駅弁革命」は、こんな形でさらに進化をしてきたのだ。

リニューアルされた「牛肉弁当」は次第に売れ出した。「以前の牛肉弁当を知っているお客様から『おいしくなった』とわざわざ電話をいただきました」と横山が言うように、リピーターがどんどん増えていったのだ。販売数もそれまでは1日あたり最大700個とかだったのが、1日4000個といった数字を記録するようになった。2010年1月現在、牛肉弁当はNREの駅弁として販売数トップ3の常連であり、第1位となることもしばしばである。NREを代表する定番の駅弁として、確固たる地位を築いているのだ。

「満足感のある存在です、『牛肉弁当』は。自分としては、それまでの定番商品といわれた『幕之内』や『釜めし』『深川めし』などを越える新しい定番駅弁を目指して仕事をしていましたから、その目標をひとつ達成した、そんな満足感ですね。でもここで終わるわけではない、常に次の一歩を考えていかないと」

●「地産地消」を駅弁へ

駅弁には「その地域らしさ」「地方性」が求められるものらしい。

横山自身、「もっと東京という地域を打ち出した弁当はないのか」といった要望を社内外から聞かされたことは何度もある。「その土地らしさ」。東京という、他の地域とはまったく異なる性格の地における地域性とは何か。横山なりに答えを提示したことは何度もある。が、横山自身、納得していない、というより、明確な答えにたどり着いていない。

そんな横山に、２００９年、新たな方向の可能性を示すかもしれない、という仕事があった。これは駅弁ではなく、百貨店のイベントの弁当で、「東京の地産地消の弁当を作って欲しい」というものだった。東京産の農産物を使ってひとつの弁当を作る。農水省のキャンペーンにものった形の弁当だった。

この弁当に使った食材は、豚肉がブランド肉の「ＴＯＫＹＯ-Ｘ（東京-エックス）」、鶏肉に「東京しゃも」。野菜はシイタケ、ニンジン、タマネギ、ウド、小松菜と東京産をそろえ、米と卵も東京産だった。

「こういうふうにして作れば東京にこだわったお弁当ができる。それがわかりました。でも、同じものを駅弁で作ることは絶対に無理だ、と思いました。価格はかなり高価になります。このときは農水省キャンペーンのお弁当でしたから、採算は度外視しました。それに、東京の野菜に特定すると、野菜が安定して入荷しないんです。このお弁当は1日20個か30個しか作らないという限定品だったのですが、それでも20個分のお弁当の材料が足りなくなることがあるんです。これでは採算を考えた商品には、なり得ません。実は、期間中、八王子あたりの農家の直売所とか、農産物を売っている多摩地区の道の駅とかへ車を走らせて、野菜の買い出しをしていたんです。東京産の農産物というのは、そのくらい、通常の流通ルートにはのっていない。まあ、おかげで農産物を売っている道の駅には詳しくなりました」

東京産の食材にこだわっては、採算ベースの弁当作りは難しい。それを改めて実感した横山だったが、「地産地消」という新しい方向性には、興味をそそられることになった。

●埼玉の食材での地産地消「本庄早稲田駅発～古代豚弁当」

２００９年8月、上越新幹線本庄早稲田駅に誕生した駅弁が「本庄早稲田駅発～古代豚弁当」（９００円）である。この弁当を手がけたのも横山であるが、ほかの駅弁とは、発売までの経緯も、また食材の選び方も違っていた。

「1年くらい前でしたか、本庄市から『地場のものを使った駅弁を』という打診があったんです。地域の活性化、地域振興ということで駅弁を作れないかと。そして本庄市長や周辺の町村のJA関係者、早稲田大学などによるプロジェクトチームが立ち上がって。こういう発端で通年発売の駅弁を開発するのは初めてでした。また、NRE大増の場合、立ち上げてから4カ月くらいで発売ということが多いので、結果的にはその3倍の長いレンジになったのも珍しいです」

プロジェクトチームはさまざまな地場産品のリストを出してきた。リストにあがった作物は多岐にわたっており、バラエティに富んでいた。

「本当にしこたまあるんです。ですが、駅弁に使うとなると課題が多すぎて」

地元から「うちの町のこの食材をぜひ」という要望がある。一応ということで試作したが、要望通りの多品種の食材を使うと3000円くらいの高額駅弁になってしまう。それに、多品種あるといっても、ほとんどが露地栽培。露地ものは出荷時期が限定されるので年間を通じて使うことができない。試作品に対して「うちの町のものが入っていない」との意見もあったという。しかし、出荷がなければ使いようがない。こうした食材では、年間を通じての販売は難しい。方向性としては多品種ではなく、メインの1品をということになった。

そうした状態で横山が注目したのが、古代豚だ。現在の畜養豚は品種改良が進んで、短期間で大きく成長する。しかしこの豚は品種改良がなされていないので、成育に時間がかかる。その分肉質がきめ細かくなり、脂身もまろやかになるという。中型のヨークシャー種で、性格はおとなしく穏やか。豚の場合、性格が穏やかだと感じるストレスが少なく、肉質がまろやかになるともいう。ただ、一般へほとんど流通していないため、枝肉（頭と内臓などをとった状態の片身肉）で仕入れなければならない。片身の状態ではNRE大増の工場では加工できない。知り合いの精肉業者に頼んで仕入れてもらい、工場にはスライスの状態で納品してもらうことにした。

バーナーで豚肉を一気に焼き上げる

調理はきめの細かい肉質を活かしつつ、冷めても硬くならないことを念頭に研究し、飽和蒸気調理（圧力をかけて蒸気で調理するシステム）を行なって、その後バーナーで焼いて焼き目を

東京駅などでも販売している「本庄早稲田駅発～古代豚弁当」

つけるということにした。ご飯は埼玉県産のブランド「彩のかがやき」。付け合わせには現地で穫れたキュウリのしば漬け。特産品のブルーベリーは水まんじゅうのソースにしてデザートとした。

「漬け物屋さんも現地の業者さん。ただ、当社の規定で使用できない合成着色料が使われていたので着色料を使用しない特注品に変更してもらいました」

発売したところ、爆発的ヒットとはいかないものの安定した人気の駅弁となっている。今後は、枝肉のロスを少なくするため、豚肉そぼろも加えるなどのマイナーチェンジを考えているという。

「東京のすぐ隣の埼玉で、これだけ地方色を打ち出すことができるのは、本当にうらやましいなと思いました。東京ではなかなかできないです。ちょうど、このお弁当を作っているとき、地産地消という言葉が世間で知られるようになってきたので、そうしたことも意識しました。ですから、埼玉の素材とか、素材の多さにも感じるものがあって。そのあとに『武州《ぶしゅう》和牛焼肉弁当』『武州和牛すき焼き弁当』も出しましたから」

横山がいう武州和牛弁当は駅弁ではなく、「まなびピア埼玉2009」というイベントに合わせて、JRさいたま新都心駅前の特設ブースで販売された弁当である。限定4000個が5日間で完売した。これも横山には刺激になった。

「今後も地産地消ということで考えていきたい、と。埼玉にはほかにもタマシャモとか、隠れた名品があるし。古代豚も角煮とか、形を変えることもありかな、と」

地方色を出すことの答えのひとつとして、横山のなかに地産地消というキーワードが加わった。まだ具体的なイメージはないが、いつか新しい形の弁当になることを期待したい。

●お客様の声と向き合う

横山が駅弁を開発するときに最も大切にしているのは、本書でこれまで何度かふれているように、「お客様のこと」である。しかし、駅弁という食べ物は、飲食店とは違い、客が食べている様子を間近で見ることはほとんどできない。

「でも、ときたま、新幹線の中で私どもの駅弁を食べてくださっているお客様と遭遇することもあるんですよ。それはもう、気になります。『残さずに全部食べているかな』とか。ただ、遭遇したのが、たまたまお一人で乗車されている方ばかりだったので、残念ながら感想は聞こえてきません。グループのお客様、特に女性の方ですと、みなさんでおいしいとか、きれいとか、これはちょっとどうかしら、などと感想をお話しされたりするんでしょうが……。お一人のお客様は黙々と食べているので」

客の声や販売員の声を聞くために、東京駅などのNRE弁当販売店に足を運ぶこともしばしば。

「『ああ、東京弁当、売り切れてしまって残念』といった、お客様の声を耳にすると、ほっとします。『残念』というお客様の声をうれしがってしまうのは、全然よくないんでしょうけれども」

このように列車内や弁当販売店で客の様子を観察することもあるが、食べた客からもNREの「お客様相談室」宛てにメール、手紙、電話といった方法で意見が寄せられるので、商品の改善や新商品開発におおいに役立てているという。

「たとえ苦情であったとしても、お客様の声は貴重です。お客様に『どうでしたか？』とお聞きできる機会はほとんどないですから。たとえば、ある駅弁の煮物の野菜が硬かったという苦情があったとして、お一人の方がそう感じたということは、もしかして同じように感じたお客様がその何十倍、何百倍いらっしゃるのではないかと。味見はふだんからやっているのですが、お客様からお叱りの声をいただいたときは、何人かで味をチェックし直して、必要に応じて改善策を考えます」

「お客様の声」をじかに聞く立場にあるのは、NRE弁当売店の販売員たちである。そうした販売の最前線に携わるスタッフと、横山をはじめ、NRE大増で商品の開発・製造に携わるスタッフとで定期的に顔を合わせ、意見交換をする場が設けられている。その名も「ほうれんそう会議」。「ほうれんそう」とは、一般的に社会人の心得といわれる「報告（ホウ）・連絡（レン）・相談（ソウ）」を指している。

会議で販売側からあがってくる声はさまざまだ。

「お客様が『この駅弁はおいしくて気に入っている』とおっしゃっていた」「この魚がおいしいと、お客様が喜んでいた」

こういったほめられたエピソードもあれば、客からのクレームも伝えられる。

「前よりも味付けが濃くなった」「皮をむくのに苦労した」「お肉が箸では切りにくい」

さらには販売員から「こういう駅弁があればいいのでは」といった要望や提案もあり、新たな商品開発に向けてのテーマに結びつくケースも多い。また、駅弁の試作品を試食し、味はもちろんのこと、ときには掛け紙のサンプルや、ネーミング案についての意見交換も「ほうれんそう会議」で行なわれる。

ところで、NREの首都圏の弁当売店は、JR東日本の主要5駅（東京、上野、大宮、新宿、品川）の駅構内に約35店舗ある。そのほとんどの店舗が客と対面式の店舗になっていて奥行きがないため、販売員はハンディ・ポスという手持ちのレジを持って接客をする。ハンディ・ポスといってもピンとこないかもしれないが、列車の車内販売で販売員が使用しているものといえば、イメージしていただけるだろうか。ハンディ・ポスなら固定レジのように場所をとらないから、狭い店舗でも販売員はスムーズに動けるという利点がある。ただし、コンビニエンスストアなどのPOSレジのように、購入者の性別、年齢層といった情報のインプットはできない。いつ、どの商品が、どういう層の客に売れたか。こうした情報の管理は、NREの多くの弁当売店ではPOSシステムではなく、販売員一人ひとりの経験や感覚に負うところが大きいのだ。

かつては駅の中は景気の影響は受けにくいといわれていたが、「そんな時代はとうの昔に終わった」と、販売サイドは認識しているという。特に2008年秋のリーマンショックに端を発する不況に直面し、どれだけいい商品を作って多くの客に認めてもらえるようにするかが勝負どころ

配送センター。ここから各駅へ駅弁が輸送される

になってきている。けっこう深刻なサバイバル状態ではあるのだ。そこから生き残っていくために、「製（製造）」「販（販売）」が一体になって話し合う「ほうれんそう会議」は、ますます重要な場になっている。

話はややそれてしまうが、横山は「製販」に加え、「配送」も加えた「三位一体になって取り組んで、初めてお客様にどうぞ、とすすめられる弁当が出来上がる」と話している。配送、つまり、工場で製造した弁当をトラックに積み、配送する業務である。NRE大増の配送センターは第2工場（東京都北区）に隣接し、ここから駅や百貨店に弁当が配送される。配送が「三位一体」のひとつとして欠かせない理由は、商品のおいしさを保ったまま輸送し、無事に納品先まで届けるという、重要な仕事にほかならない

温度管理に注意しつつ、手早く弁当を積み込んでいく

からだ。
配送のトラックには冷蔵設備が設けられ、駅弁は20度以下の設定で温度管理をしている。温度管理は、製造工場でも徹底されているものだが、配送、販売の現場にまで行き渡っている。これも駅弁革命の初期に始めたことという。
「配送の業務は、トラックの外に出たときが問題です。外気にふれますから。要注意なのは、意外に思われるかもしれませんが、暑い夏場ではなく、気温の低い冬。冬場はマイナス１度とかになると、ご飯が冷えてごわごわになってしまう恐れがあります。駅弁は常温なら大丈夫。でも冷やし過ぎは禁物なんです。ですから、トラックから降ろして納品先まで運ぶ際、冬は弁当が冷え過ぎないよう工夫していま す。ほかにも雨の日はビニールシートをかけるとか、ドライバーの方たちも考えてくれています」と、横山は話す。

さて、この「ほうれんそう会議」のほか、NRE大増では商品開発会議を実施している。横山を部長とする商品開発部のメンバー（9名）と、社長ら数名が参加して現在進行中の弁当の開発案件について話し合うのだ。横山が中心になって各担当者の進行状況や試作品をチェックし、製造現場との調整を含め、問題点があればみんなで解決策を検討する。

商品開発というと、その言葉からクリエイティブな仕事のようなイメージが強い。確かに世の中にない新しい弁当を考案し、形にするのだからクリエイティブには違いないが、実際のところは、どちらかといえば地味な試行錯誤の積み重ねである。産地証明、規格書を取りながらの食材集め、衛生の問題をクリアできるようなレシピの提案、10回は下らないという試作品作り、工場の製造ラインへの落とし込みの確認など、仕事は多岐にわたる。

商品開発会議の場で横山がメンバーたちにアドバイスをする場面も多い。食材の特性やうまさを引き出す調理法、レシピ作成のポイント、商品の原価計算の注意点。さらには、食べ方に注意が必要な料理がある場合、客のことを考慮して「箸で食べやすいように料理に切り込みを入れたらどうか」「お品書きに注意書きを入れてはどうか」といったアドバイスも飛び出す。たとえば、カニを甲羅付きで弁当箱に盛り込む「渡り蟹甲羅揚げ」は、手をケガしてしまうかもしれないということで、お品書きに「蟹料理は甲羅等に気をつけてお召し上がり下さい」というひとことが添えられることになった。しかし、よくよく考えてみると、こうした細かな配慮というのは、客へのもてなしの心に通ずるものである。横山が駅弁革命でやったことは、「安くはない、でもおいしい駅弁」を作り、その高付加価値駅弁が支持されたことだと言い切ってしまうが、それには、目の前にいない客を想う心という隠し味がある。

野暮な質問だと思いながら横山に聞いてみた。駅弁を作る仕事のやりがいとは何か？

「お客様が列車の中で駅弁を広げ、おいしそうに食べている。そんなお客様の姿をイメージしながら作る。それ自体がやりがいでしょう」

●「東京のおいしい駅弁」を作り続けたい

「駅弁革命」が目指す東京の駅弁とは何だろうか。横山はここまでさまざまな駅弁を作って、横山なりの答えを示してきた。

「これから作ってみたい駅弁のアイデアはいくつもありますよ。たとえば魚の駅弁。煮魚弁当、焼き魚弁当。川魚だけでお弁当にするとか。特に煮魚をメインにした弁当というのは全国の駅弁でもあまりない。煮魚はハードルだらけです。煮汁の問題をどうするか、骨をどうするか。とりあえず思いつくのは、魚の身とタレは別にしてタレをジュレ（ゼリー）状にするとか。ハードルが多いほどやってみたいですね。『北海味メッセ』のときのように現場や会議室が『無理』といったのを覆すのも、作り手としては快感です」

2010年、横山は「極附弁当」の全面リニューアルを手がける。

「すでに『究極』と謳ってしまっているお弁当ですから、今度は究極の上をいくことになります。最初からものすごくハードルが高い。値段は3800円のままですけど、最初に『極附弁当』を作ったときとは時代のニーズも違うと思いますし、現在のような不況とデフレの時代の3800円ですから。ただ、自分としては二極化もありだと思っているんです。安価が魅力のものと、高価格でもいいものと。極附弁当は、正直いって原価に合う弁当ではありません。だから社内にも『出す必要があるのか』という声はあるんです。もし、これが1日に100個も200個も売れるということだと、採算面で厳しい弁当に人手と時間を割かなければならない。だけど、1日30個限定であれば、『NREの駅弁の最高峰』として、原価に合わなくても残しておく価値がある。それがステータスだと思います」

これと相前後して、「幕之内弁当」、「深川めし」など定番商品もリニューアルにかかる。こちらは価格設定も含めての全面的な見直しになりそうだという。

「現状でそれなりの人気を保っているお弁当の改変は難しいんです。今のスタイルで固定ファンもいるわけですし。たとえば『チキン弁当』は、ケチャップライスも、おかずの唐揚げも変えたいという気持ちはあるんです。でも変えられない。非常に根強いファンの方がいます。小さいお子さんではなく、ある程度の年齢の男性ですね。若いときからこの味に親しんでいらっしゃる。それが定番。ですから、変えていくにはこちらも覚悟しないと。実は『深川めし』と『幕之内』は、一度、マイナーチェンジしているんです。『深川めし』はハゼを大きなものに変えてインパクトを出して。『幕之内』は2品ほどおかずを減らして、焼き鮭を少し大きなものにしました。メイン素材を少しアピールして、おかずが多すぎてごちゃごちゃした印象だったのをすっきりさせた。どちらも成功でしたが、今度はこれ以上の変化をさせたい。『牛肉弁当』のように自分が作った弁当が新しいスタンダードになる、というよりスタンダードにしていく、というのが私なりの『駅弁革命』なのかな、と思います」

横山は「東京の駅弁」について、どんな形が理想形なのか、将来的にどういった方向へ進むのか、まだ見えていない、という。

「駅弁には熱烈なファンの方もいます。そうした方々から多く寄せられるのは『その地方に行ってその土地のものが入っている、旅情を感じさせる、それが駅弁』という声です。私も、東京の旅情って何だろう、東京の食材で東京らしさって何だろう、何度も自問自答します。でも、これはまだ明確な答えは出ていない。というか、わからないんです。いつもそこで思ってしまうのは、東京には何でもあるけれど、土地の名産というものはない、ということ。ならば、どうやって東京らしさをアピールすればいいのだろう、ということです」

現在の東京の駅弁の状況は、横山が駅弁を手がけ始めたころとは一変した。現在の東京駅では東北とか地方の駅弁がコンスタントに販売されているし、エキナカにデパ地下のような商業施設も誕生した。「弁当」というジャンルに限ってもその変貌は著しい。

「ここまで駅弁のジャンルが広がってくると『東京の駅弁』といっても意味があるのかな、などと思うこともないわけではありません。こうなってくると、おみやげとしての駅弁もありなのか、とか思います。でも、原点に立ち帰れば、駅弁は、列車に乗って、旅なり、移動をするときの食べ物。そこには電子レンジもコンビニもありません。隣の席に誰が座るのかもわからないかもしれない。そういう限定された状況のなかで、それでもおいしいものを食べて、楽しんでもらいたい。それを忘れては駅弁作りは成り立たない。食べやすい、匂いがしない、食べるときに音がしない、軽い、持ちやすい、場所をとらない、そうしたことを忘れたら『駅弁革命』でやってきたことが無駄になる。駅弁が目指す最終形は、私にはやはり、まだまだわかりません。でも、見えなくてもいいんです。やるべきことはとりあえず目の前に立ちはだかる壁を越えていくこと。そうしないと『革命』はそこで終わってしまうのですから」

あとがき

「冷たいご飯に冷めたカレーをかけて食べることを前提に、出来立ての温かいカレーライスに負けないおいしいものを作ってくれ」

いきなりこんなことを言われたらどうするか。極端な例かもしれないが、横山さんがこの10年で関わってきた駅弁作りは、それに近いことだったのではないか、と思う。懐石料理出身の横山さんは、業務命令で駅弁に関わらざるを得なくなるまで、駅弁にはほとんど接触がなかった。だから、彼の駅弁作りは、それまで彼が培ってきた懐石料理の技法を持ち込むしかなかった。その意味で本書は「駅弁に関わったことのない料理人が、悪戦苦闘を重ねて大ヒット駅弁を次々と生み出した記録」を記述したものだ。

と、ここまで書いてきたところで、正直に告白しなければならないだろう。本書の執筆に携わった小林祐一と小林裕子は、2人ともが、いわゆる駅弁愛好家ではない。

小林祐一は、これまで30年ほど、旅行雑誌などで取材・執筆の経験がある。月刊誌に駅弁の記事を連載していたこともあり、旅先で駅弁を食べた機会は人並み以上のはずである。けれど、個人的には、駅弁に関して特別な思い入れはなかった。食べ物や料理にはおおいに関心を持ち続けているのだが、駅弁はその対象にならなかった。

もう一人の筆者である小林裕子は小林祐一の妻であるが、彼女にいたっては、駅弁としては「峠の釜めし」と富山の「ますのすし」くらいしか食べた記憶がないという。あの横浜・崎陽軒の「シウマイ弁当」については「駅弁」ではなくデパ地下で買う弁当、と思っていたらしい。ましてや、NREの駅弁は食べたことも、いや、買ってみようとすら思ったことがなかったのである。

本書の取材を始めるにあたって、あるいは進行中、筆者夫妻はしばしばNREの駅弁を買ってきては夕食にした。ひと通り味わって、気に入ったものはお互い何度も食べた。キッチンの隅には小林裕子がすっかり気に入って何度も買った「幸福べんとう」の空き容器の竹かごがうず高く積まれている。また、比較する意味で、首都圏のNRE以外の駅弁もかなりの数を食べた。付け焼き刃といわれるかもしれないが、駅弁愛好家ではなく、駅弁にとりわけ思い入れもない私たちは、そうやって現在の東京の駅弁だけを見つめることにした。

したがって本書は、駅弁愛好家ではなく、一般の駅弁ユーザーに近い視点で取材が進められることになった。その意味では、駅弁愛好家の方々の視点とは隔たりがあるかもしれない。

駅弁を定義すると、「その地方に行ってその土地のものが入っている、旅情を感じさせる、それが駅弁」ということらしい。では、旅情とは何なのだろう。その土地らしさ、地方性とは何なのだろう。東京の駅弁には何が求められるのだろう。ローカル線にゆられて車窓風景など眺めながらのんびり食べる駅弁なら、地方色豊かな旅情を誘う駅弁もいいだろう。だが、東京駅から新幹線にスーツ姿で乗り込んでいくビジネスマンのどれほどが、東京の駅弁に旅情を求めているのだろうか。

「旅情」は、その土地に住む者が感じるものではない。その土地を訪れた旅人が感じるものだ。それはその土地に住む者の感覚とは無縁である。茅葺きの民家が並ぶひなびた風景に旅行者は旅情を感じても、住む者は不便さを感じていたりする。その集落の中にコンビニがあると旅行者はがっかりすることがあるが、住む者にとってはコンビニが重要だったりする。そうしたことは東京でもあるだろう。東京に対する思いも、東京に住む者と東京を訪れる者では異なっていて当然だ。

地方から東京を訪れる人々が足を運ぶ東京の人気観光地をあげれば、原宿、渋谷、六本木、お台場、秋葉原。あとは浅草、上野、銀座、新宿新都心。東京都内ではないがディズニーリゾート。こうしてみると、浅草など一部を除けば、観光客が東京に求めるのは洗練された都会の魅力であって、泥臭さやローカル色ではない。ならば駅弁も都会の魅力をアピールしてもいいのではないか。郷土色豊かな名産品が豊富にある地方ならば、それを駅弁にすればいい。名産品がなければイメージ戦略でいいではないか。そして、東京を訪れる旅人が東京に求めるものは、「都会的であること」に尽きる。つまり、東京の「旅情」は「都会らしさ」にこそあるのだ。

第7章で紹介した「30品目バランス弁当」などは、東京発の駅弁のひとつの形として新しいスタイルを見出した、実に東京らしい弁当である。この弁当については「これがはたして駅弁なのか」と異論を唱える人もいるかもしれない。だがこのようにヘルシー志向をテーマに駅弁を完成させるというのは、衣食住のさまざまな最新情報が発信される首都東京だからこそ可能になったこと。その意味でこれは東京的である。この弁当は、ＮＲＥの駅弁のなかでも売上げトップ3の常連にランクインする人気を保っている。それもまた、やはり東京ならでは、ということだろう。

本書の取材中に、期間限定で発売されたＮＲＥの駅弁に「紗耶《さや》」（モデルの紗耶さんがプロデュ

「BEAUTY - BOX」は、おしゃれな雰囲気を打ち出した独特の弁当

ースした駅弁）や、「BEAUTY‐BOX」（フォションの飲料の「フォション ボーテ ビューティティー」とコラボした、ダイエットを意識した女性向けの駅弁）がある。これも実に東京的な弁当だった。この弁当もまた、駅弁愛好家の間では評価は分かれるところだったかもしれない。だが、観光客が求める東京の魅力が、「原宿や渋谷、六本木などの、洗練された、ファッショナブルな、おしゃれな街」にあるとするならば、「紗耶」も「BEAUTY‐BOX」も、そうした「都会らしさ」のイメージに特化した傑作である。「もし、原宿や六本木で駅弁を作るなら」という課題があるとすると、その模範解答がこの弁当だ。このように、駅弁であっても流行の最先端を意識し、それを表現していくのが東京らしさなのだ。流行の先端だからこその期間限定でも

ある。まさしく、東京でしかありえない弁当だった。

２０１０年2月1日、ＮＲＥから新しく「黒毛和牛のハンバーグ弁当」が発売された。２００9年10月の「第10回東日本縦断駅弁大会」に出品された「東京駅赤煉瓦ハンバーグ弁当」を定番商品化したものだ。その数日後、たまたま所用で東京駅を通った際、制服の中学生の団体に出くわした。これから新幹線に乗るのだろうか、駅弁を選んでいる。そして、多くの中学生がこの「ハンバーグ弁当」を購入していた。彼らはみな、一様に楽しそうだった。そんな彼らを見ているうち、ふと思った。これは、「高揚感」だ。「旅」という非日常に身を置いているがゆえの気持ちの高ぶり。それが、彼らを笑顔にし、日常生活では買わないであろう駅弁を買い、さらにこれから過ごすであろう列車内の楽しいひとときへの予感へとつながっていく。駅弁はそんな旅のなかに独自のポジションを確保している存在なのだ。

東京駅から新幹線にスーツ姿で乗り込んでいくビジネスマンは、おそらく駅弁に東京の旅情を求めてはいないだろう。だが、高揚感や非日常の気分ならば、ビジネスマンにもある。たとえば意気も高く仕事先に向かうとき。あるいは、ほっとひと息ついて夕方の新幹線に乗り込むとき。

旅先での仕事が成功裏に終わり、帰りの新幹線でひとりささやかに駅弁と缶ビールで祝杯をあげた経験を持つ人は少なくはないはずだ。そこには旅情はないかもしれないが、達成感と高揚感はある。そんなささやかな祝宴を彩るのが東京の駅弁であったら、それは素敵なことではないか。

中学生にもビジネスマンにも、一人旅でも団体旅行でも、どんなシチュエーションであっても、それぞれの高揚感があるだろう。東京の駅弁は、そうした高揚感に欠かせないパートナーであってほしい。取材と執筆を終えた今、しみじみとそう思う。

第2章でも記したが、本書のテーマであるNREの「駅弁革命」において、NREの駅弁が、当初、追いつき追い越すべき相手は、東京のデパートの食料品売り場の持ち帰り弁当であった。そう考えると、横山さんがやってきた仕事はものすごく大きな山を越えることになったのだと思う。特に筆者が驚かされたのは、何度目かの取材の折に「これ、レンジでチンしたら」という筆者の発言に「それはやめてください、おいしくないです」ときっぱりとおっしゃったこと。冷たい状態で食べるときにもっともおいしくなるレシピ。横山さんはそれを考えている。

数カ月に及ぶ取材中、横山さんには終始穏やかに対応していただいた。だが、ときとして、悩んだこと、悔しさ、ジレンマ、そんな心中の思いを垣間見せたこともあった。そうした横山さんの悩みや苦悩も、できる限り書き込んだつもりである。結果、本書は「駅弁の本」であっても「駅弁ガイド」ではないが、こんな駅弁の本もいいだろう、と思っている。

最後に、長期間に及ぶ取材に協力していただいた横山勉料理長をはじめ、忙しいなかで何度も対応していただいた方々に改めて謝辞を捧げたい。NRE大増の坂下佳久代表取締役社長、角当勇二常務取締役、市場開発部中坂祥一部長、製造部の加藤忠雄部長。また、現在は所属する会社が異なっているにもかかわらず快く取材に応じていただいたJR東日本事業創造本部表輝幸部長。作業中の闖入者であった私たちに嫌な顔ひとつしないで対応してくださった工場の現場の方々。商品開発部の田邉香菜子さんをはじめとする栄養士の方々、嶌田幸代さんはじめ品質管理部衛生試験室の方々、村木顕彦次長はじめ配送センターの方々。そして、本来の業務ではないにもかかわらず取材の窓口となっていただいて、私たちのわがままに何度も対応していただいた市場開発部の高橋エミさん。そうした多くの人たちの協力を得て、本書は完成した。協力してくださったすべての人たちに改めて感謝の意を表する。

なお、本書は、序章・1章・2章・3章を小林裕子が、4章・5章・6章を小林祐一がそれぞれ主として執筆し、7章は小林祐一・小林裕子が執筆した原稿を統合して完成させた。写真も両名が撮影した。

追記

本書の発行間近になって、NREから「昨日の麻婆豆腐に未練たっぷり」という変わった商品名の駅弁が発売された。駅弁としてはおそらく初めての、麻婆豆腐の弁当である。もちろん横山さんの手になる弁当で、従来の「冷たくてもおいしい」のコンセプトは、麻婆豆腐という想定外の料理によって、より一層際立つことになった。

改めて思う、横山さんの駅弁は今このときも、さらなる進化を続けている。

この本が書店に並ぶころには、横山さんはまた想定外の斬新な駅弁を発表して、私たちを驚かせてくれているのではないか、とすら思う。「駅弁革命」は、今、この瞬間も続いている。

2010年3月　小林祐一

なお、本書の登場人物について、文中では敬称を略させていただきました。

また、社名、所属部署や肩書は取材時のものとさせていただきました。

駅弁商品の価格・内容については取材時のものとさせていただきます。

おもな参考図書・資料

「日本食堂60年史」　1998年、日本食堂株式会社（編集・発行）
「日本国有鉄道百年写真史」　1972年、日本国有鉄道（編集・発行）
「調理用語辞典」社団法人全国調理師養成施設協会　1990年、調理栄養教育公社
「料理用語　改訂食品事典」河野知美編　1985年、真珠書院
「テーブル式日本料理便覧」辻調理師専門学校日本料理研究室　1990年、評論社
「新版　食物事典」山本直文　1989年、柴田書店
「品質求道」竹田正興　2005年、東洋経済新報社
「食材図典」　1995年、小学館
「魚調理ハンドブック」成瀬宇平、佐藤隆　1984年、柴田書店
「日本の朝ごはん食材紀行」向笠千恵子　2001年、新潮文庫
「たべもの起源事典」岡田　哲　2003年、東京堂出版
「駅弁学講座」林順信・小林しのぶ　2000年、集英社
「ニッポン駅弁大全」小林しのぶ　2007年、文藝春秋
「ビジュアル図解　コンビニのしくみ」笠井清志　1997年、同文館出版
「第11次　業種別審査事典　第6巻」2008年、社団法人金融財政事情研究会（編集・発行）
「よくわかる中食業界」高橋麻美　2006年、日本実業出版社
「有機食品の検査認証制度について」農林水産省安全局　2007年、農林水産省
「平成20年度　農林水産省統計」2009年、農林水産省

小林祐一（こばやし・ゆういち）
東京都生まれ。（有）小林編集事務所代表。歴史紀行、文化財探訪などのジャンルを中心に取材・執筆・講演を行なう。近年の著書に『京都歴史探訪ウォーキング』『四国八十八カ所札所めぐりルートガイド』『秩父三十四カ所札所めぐりルートガイド』『もっと知りたい！江戸・東京歴史探訪ウォーキング』『日本名城紀行』『東京古寺探訪』など。法政大学エクステンションカレッジ講師、ほか、複数のカルチャースクール、旅行会社などで「旅と歴史」関連の講師を務めている。日本歴史学会、日本城郭史学会、交通史研究会会員。

小林裕子（こばやし・ひろこ）
新潟県生まれ。上智大学文学部卒業。出版社等で飲食店業界の専門誌の編集、健康情報誌の編集を経験し、フリーランスのライター・エディターに。現在、（有）小林編集事務所を主宰し、「人と仕事」「転職」「資格」「中高年世代のセカンドライフ」「福祉」といったジャンルを中心に編集・取材・執筆活動を行なっている。

交通新聞社新書015
駅弁革命
「東京の駅弁」にかけた料理人・横山勉の挑戦
（定価はカバーに表示してあります）

2010年4月15日　第1刷発行

著　者――小林祐一・小林裕子
発行者――山根昌也
発行所――株式会社　交通新聞社
http://www.kotsu.co.jp/
〒102-0083　東京都千代田区麹町6-6
電話　東京（03）5216-3220（編集部）
東京（03）5216-3217（販売部）

印刷・製本―大日本印刷株式会社

ISBN978-4-330-13710-0

交通新聞社新書　好評既刊

元国鉄専務車掌で現役小学校教師の100講。
可愛い子には鉄道の旅を
6歳からのおとな講座
村山　茂／著
ISBN978-4-330-07209-8
鉄道は単なる移動手段であったり、マニア的興味の対象ばかりでなく、子どもたちの成長に多大な効果をもたらす「教材」でもある。鉄道の旅の楽しさの中での社会体験教育を説く。

かつて北海道に存在した「幻の鉄道」を自転車で踏破！
幻の北海道殖民軌道を訪ねる
還暦サラリーマン北の大地でペダルを漕ぐ
田沼建治／著
ISBN978-4-330-07309-5
その昔、北海道開拓のために敷設され、昭和47年に完全に姿を消した特殊な交通機関の痕跡を、わずかな手がかりをもとに自転車でたどった驚きと新発見のスーパー廃線紀行。

古今東西32人の映画監督が使った駅の姿とは。
シネマの名匠と旅する「駅」
映画の中の駅と鉄道を見る
臼井幸彦／著
ISBN978-4-330-07409-2
駅のそもそもの機能と同時に存在する、日々刻々そこに集まり、通り過ぎる人々の人生の場所、また、日常と非日常とが様々に交錯する舞台装置としての場所を、映画の名作から読み取る。

懐かしきそれぞれの時代を記憶の中に永久保存。
ニッポン鉄道遺産
列車に栓抜きがあった頃
斉木実・米屋浩二／著
ISBN978-4-330-07509-9
明治以来国家の近代化とともに発展してきたわが国の鉄道。今、われわれの記憶の中からも消えようとしているかつての施設、設備、車両などを、「鉄道遺産」として一冊に保存。

オンリーワンの鉄道の国スイスと日本。
時刻表に見るスイスの鉄道
こんなに違う日本とスイス
大内雅博／著
ISBN978-4-330-07609-6
独自の思想やシステムにもとづいたスイスの鉄道運営のありようを、現地の時刻表を通して紹介するとともに、日本の鉄道のもつ条件や問題点を、比較的な視点から検証する。

車両デザインが地域を変える！
水戸岡鋭治の「正しい」鉄道デザイン
私はなぜ九州新幹線に金箔を貼ったのか？
水戸岡鋭治／著
ISBN978-4-330-08709-2
JR九州の新幹線・特急車両のデザインを中心に常に話題作を発表し続けてきたデザイナー・水戸岡鋭治。そのデザイン思想の原点にあるのは何か？　具体的な個々の「仕事」を通して展望する。

読む・知る・楽しむ鉄道の世界。

戦後復興期から昭和の終焉まで。
昭和の車掌奮闘記
列車の中の昭和ニッポン史
坂本　衛／著
ISBN978-4-330-08809-9
昭和28年に国鉄に入社し、昭和62年に退職するまで「一車掌」として働き続けた著者による列車の中の昭和史。戦後復興期から高度経済成長時代を経て昭和の終焉へと至る時代の貴重な体験記録。

ジャパニーズ・ドリーム―受け継がれた「夢」。
ゼロ戦から夢の超特急
小田急SE車世界新記録誕生秘話
青田　孝／著
ISBN978-4-330-10509-3
1957（昭和32）年、狭軌鉄道としては世界最速を記録した小田急のSE車。その製作には戦前の世界最先端の航空機製造技術が関わっていた。そしてそれが、今日の新幹線を生み出すことになる。

知られざるバックステージ―新幹線「納品」の真実。
新幹線、国道1号を走る
N700系陸送を支える男達の哲学
梅原淳・東良美季／著
ISBN978-4-330-10109-5
工場で造られた新幹線の車両は、一体どのようにしてJRに「納品」されるのか。実は、夜間一般道を利用して、1両ごとにトレーラーで運ばれているのだ。その陸送プロセスの一部始終をレポート。

美味しい旅の香り―走るレストラン誕生から今日まで。
食堂車乗務員物語
あの頃、ご飯は石炭レンジで炊いていた
宇都宮照信／著
ISBN978-4-330-11009-7
今では一部の列車のみに残る食堂車。本書は、その食堂車の全盛期に乗務をしていた著者による体験談、歴史秘話。読み進めるうちに、思い出の車窓風景や懐かしのメニューがよみがえる。

松本清張生誕100年―その作品と鉄道。
「清張」を乗る
昭和30年代の鉄道シーンを探して
岡村直樹／著
ISBN978-4-330-11109-4
日本における社会派推理小説の先駆けとなったベストセラー『点と線』が発表されたのが昭和33年。本書は、当時の世相を反映した松本清張全作品から、鉄道シーンを一挙に再読する試み。

山形新幹線のカリスマ・アテンダントに密着取材。
「つばさ」アテンダント驚きの車販テク
3秒で売る山形新幹線の女子力
松尾裕美／著
ISBN978-4-330-12210-6
山形新幹線「つばさ」に乗務し、車内販売を担当するカリスマ・アテンダントがいる。限られた時間と空間の中で、いかにワンランク上の売上げを確保するのか？　取材を通じて見えてきたのは。